사람에게 비는 하느님

Originally published in French as *La prière d'un homme moderne*
by Éditions du Seuil, France
ⓒ 1969 by Louis Évely

This Korean translation edition ⓒ 2022
by Catholic Publishing House, Seoul, Republic of Korea

사람에게 비는 하느님

1977년 2월 10일 교회 인가
1977년 6월 1일 초판 1쇄 펴냄
1992년 2월 20일 개정 초판 1쇄 펴냄
1994년 2월 10일 개정 2판 1쇄 펴냄
2022년 4월 17일 개정 3판 1쇄 펴냄
2024년 7월 8일 개정 3판 3쇄 펴냄

지은이 · 루이 에블리
옮긴이 · 김수창
펴낸이 · 정순택
펴낸곳 · 가톨릭출판사
편집 겸 인쇄인 · 김대영
편집 · 강서윤, 김소정, 박다솜
디자인 · 정호진, 강해인, 송현철, 이경숙
마케터 · 안효진, 황희진

본사 · 서울특별시 중구 중림로 27
등록 · 1958. 1. 16. 제2-314호
전자우편 · edit@catholicbook.kr
전화 · 1544-1886(대표 번호)
지로번호 · 3000997

ISBN 978-89-321-1817-8 03230

값 16,000원

성경 ⓒ 한국천주교중앙협의회, 2022

이 책의 한국어 출판권은 (재)천주교서울대교구 가톨릭출판사에 있습니다.
저작권법에 의해 한국 내에서 보호를 받는 저작물이므로 무단 전재와 무단 복제를 금합니다.

가톨릭의 모든 도서와 성물을 '**가톨릭출판사 인터넷쇼핑몰**'에서 만나 보실 수 있습니다.
http://www.catholicbook.kr | (02)6365-1888(구입 문의)

사람에게 비는 하느님

루이 에블리 지음 | 김수창 옮김

Louis Évely

La prière
d'un homme moderne

가톨릭출판사

Contents

머리말 7
오소서, 성령님

하느님이 가르쳐 주신 기도 15
"주님, 저희에게도 기도하는 것을 가르쳐 주십시오."(루카 11,1 참조)

우리 마음에 살고 계시는 하느님 51
"이제 하느님의 거처는 사람들 가운데에 있다."(묵시 21,3)

언제나 우리에게 말씀을 걸어 주시는 하느님 85
"말씀이 사람이 되시어 저희 가운데 계시나이다."(삼종 기도)

자신의 삶을 복음에 비추어 본다는 것 103
"나를 따르는 이는 어둠 속을 걷지 않고 생명의 빛을 얻을 것이다."
(요한 8,12)

사랑으로 보듬어 주시는 하느님의 손길 143

"내가 세상 끝 날까지 언제나 너희와 함께 있겠다."(마태 28,20)

기도하고 활동하는 그리스도인 171

"예수님께서는 밤을 새우며 하느님께 기도하셨다.
그리고 날이 새자 제자들을 부르시어
그들 가운데에서 열둘을 뽑으셨다."(루카 6,12-13 참조)

'주님의 기도'에 담긴 의미 199

"너희가 악해도 자녀들에게는 좋은 것을 줄 줄 알거든,
하늘에 계신 너희 아버지께서야 당신께 청하는 이들에게
좋은 것을 얼마나 더 많이 주시겠느냐?"(마태 7,11)

역자의 말 235

머리말

오소서, 성령님

우리는 반대로 생각하고 반대로 기도하고 있다. "오소서, 성령님." 이 기도가 대표적인 예라고 할 수 있다. 우리는 이렇게 성령에게 호소하고 있지만, 사실은 성령이 우리에게 호소하고 있다. 이제 더 이상 반대로 기도하지 말자.

우리는 하느님에게 부르심받고 있기 때문에 응답한다. 그분이 사랑의 숨결을 불어넣어 주시기 때문에 사랑을 열망한다. 우리가 아무리 청원해도 하느님이 주시는 은총을 좌우할 수는 없다. 다만 하느님에게서 어떠한 은총을 어떻게 받고 있는지를 헤아려 알 수 있을 뿐이다. 우리가 아무리 고상하고 원대한 바람을 가졌다 할지라도 이는 결국 하느님의 계획에 동의하는 것이 될 뿐이다. 하느님은 우리 인간들이 도저히 받아들일 수 없을 정도로 많은 것들을 베풀어 주고 계신다.

"인간은 제안하고 하느님은 그것을 결정하신다."라든지 "인간은 청하고 하느님은 인도하신다."라는 말은 잘못된 말이다. 이러한 생각은 인간을 하느님의 종으로 추락시키고, 하느님을 폭군으로 만들어 버린다. 사실 하느님은 인간에게 제안하시고 호소하시며 은총을 베푸실 뿐이다.

"보라, 내가 문 앞에 서서 문을 두드리고 있다. 누구든지 내 목소리를 듣고 문을 열면, 나는 그의 집에 들어가 그와 함께 먹고 그 사람도 나와 함께 먹을 것이다."(묵시 3,20)

이처럼 하느님은 당신 자신을 내어 주신다. 그리고 인간이 그것을 받아들일지 말지 결정한다.

이는 우리에게 가져다주신 가장 기쁜 소식이다. 우리는 혼자 외로이 있는 것도 아니며, 아무것도 없는 데서 하느님을 찾는 것도 아니다. 하느님이 우리에게 호소하신다. 하느님이 훨씬 더 열성적으로 우리를 찾고 계신다. 하느님이 훨씬 더 우리와 만나는 것을 기뻐하신다. 그분의 인도가 없으면 우리는 하느님에게로 이르는 길을 한 발자국도 내디딜 수 없을 것이다. 예수님도 "나를 보내신 아버지께서 이끌어 주지 않으시면 아무도 나에게 올 수 없다."(요한 6,44)라고 말씀하셨다. 만일 우리가 스스로 하느님을 찾는다면, 우리에게 하느님을 찾을 수 있는 어떠한 확실한 보장이 있는가? 그러나 하느님이 우리를 찾지 못하실 리는 없다.

여기서 성인聖人과 우리는 차이점이 생긴다. 성인은 하느님이 주시는 표징을 주의 깊게 받아들이고 기억하고 있다. 하느님이 우리보다 성인들을 더 많이 사랑하셨다든가, 그들만을 찾고 그들에게만 특별한 은총을 많이 베푸시어 그들을 하느님의 뜻에 맞는 '소수의 특권자'로 선택하셨다고 생각해서는 안 된다. 사실 하느님은 우리 한 사람 한 사람에게 변함없는 사랑을 똑같이 베풀고 계신다. 하느님이 우리에게 기대하시는 것은 무한하며, 하느님의 제안은 각자에게 똑같이 풍성하다. 우리가 그것에 응답하는 방법이 다를 뿐이다. 우리가 하느님의 사랑을 얼마나 받아들이는지에 따라서 달라지는 것이다. 하느님은 모든 사람을 사랑하시고 부르시지만, 그 누구에게도 강요하지 않으신다.

그리스도는 다음과 같이 말씀하셨다.

"네 형제가 너에게 죄를 짓거든, 가서 단둘이 만나 그를 타일러라. 그가 네 말을 들으면 네가 그 형제를 얻은 것이다. 그러나 그가 네 말을 듣지 않거든 한 사람이나 두 사람을 더 데리고 가거라. '모든 일을 둘이나 세 증인의 말로 확정 지어야 하기' 때문이다. 그가 그들의 말을 들으려고 하지 않거든 교회에 알려라. 교회의 말도 들으려고 하지 않거든 그를 다른 민족 사람이나 세리처럼 여겨라."(마태 18,15-17)

교회는 진정 서로 사랑하는 사람들의 집단이기 때문에 이렇게 말씀하신 것이다. 그러나 이것은 그 사람을 사랑하지 말라는 의미는 아니다. 우리는 원수까지 사랑해야 하기 때문에 그리스도가 말씀하신 것은 친밀한 관계를 맺지 않을 사람으로 여기라는 뜻이다.

이와 같이 하느님의 사랑은 우리가 응답하는 태도에 달려 있다. 하느님의 사랑은 온전히 개개인에게 적합한 사랑이며, 하느님은 우리 한 사람 한 사람과 될 수 있는 한 생동하는 사랑의 관계에 머무르기를 원하신다. 우리의 성화聖化에 한계가 있는 것은 하느님이 너그럽지 않기 때문이 아니다. 우리가 그분의 사랑을 거부하기 때문이다. "하느님은 한량없이 성령을 주시는"(요한 3,34 참조) 분이신데 말이다. 수태 고지(성모 영보) 때, 겟세마니에서, 부활 때, 그리고 지금까지도 천사들은 끊임없이 하느님의 자녀들(만민) 위에 감돌고 있으나, 그들이 내려설 장소를 발견하기가 쉽지 않다.

은총을 받아들이기 위해서는 우리가 어떻게 마음을 열어야 하는지를 알아야 한다. 그러나 사람이 자기 자신을 내주려고 할 때, 상대방이 그것을 받아들이기는 지극히 어려운 일이다. 그를 받아들이려면 나도 나 자신을 내주어야 하기 때문이다. 사람을 소유할 수는 없다. 사람은 소유물이 될 수 없다. 즉, 자신을 내주려는 사람을 받아들일 때는 우리가 그 사람을 필요로 하는 만큼 더 완전하게, 그만큼 더 진지하게 우리 자신을 그 사람에게 내주어야 한다.

우리는 하느님을 찾을 필요가 없다. 우리가 찾는다 해도 하느님은 우리가 있는 곳에만 계시기 때문에 다른 곳에서는 찾을 수 없다. 하느님을 찾아 헤매려는 노력이 오히려 우리를 하느님에게서 더 멀리 떨어지게 할 뿐이다. 우리는 하느님을 찾아 헤맬 필요가 없다. 다만 그분과 만날 기회를 제공하기만 하면 된다.

기도하고 있노라면 우리는 훨씬 이전부터 이미 하느님과 만나 왔음을 깨닫는다. 예수님은 "필립보야, 내가 이토록 오랫동안 너희와 함께 지냈는데도, 너는 나를 모른다는 말이냐?"(요한 14,9)라고 물으셨다. 우리도 필립보 사도와 마찬가지다.

우리는 하느님이 우리를 초대하시기 때문에 그분을 초대한다. 하느님이 우리를 찾으시기 때문에 우리도 그분을 찾는다. 하느님이 우리를 갈망하시기 때문에 우리도 그분을 갈망한다. 또한 하느님이 우리에게 기도하시기 때문에 우리도 그분에게 기도한다. 기도의 진정한 의미와 어려움은 거기에 있다. 기도는 인간의 생각이나 야망, 망상, 자기 암시 같은 것이 아니다. 인생을 살아가면서 어떠한 일이 생겨도 마음을 다해 충실하게 마주할 수 있도록 하기 위해 마음을 열고 준비하는 것이다.

기도하지 않는 사람은 자기를 폐쇄시키고 그 안에 들어앉아 고립하게 된다. 기도하는 사람은 이 우주 안에 우리가 보는 것 말고 다른 것이 있음을 믿고, 자신에게 보내지는 표지가 있는지 주의 깊게 보게 된다. 이때 주의할 점이 있다. 그 표지를 잘못 받아들이지 않도록 노력하면서 제멋대로 그 표지를 만들어 내지 않도록 해야 한다.

그리스도는 말씀하셨다. "누구든지 청하는 이는 받고, 찾는 이는 얻고, 문을 두드리는 이에게는 열릴 것이다."(루카 11,10) 그러나 기도를 하다 보면 자기가 이미 그전부터 하느님에게 사랑을 받고 있으며, 자기가 구하던 것을 이미 얻었음을 알고, 문은 두드리기도 전에 열려 있으며, 자기가 원하는 것이 항상 허락되고 있었음을 체험하는 경우가 있다. 그리스도가 부활하셨을 때 제자들이 발견한 것이 바로 그것이다.

마리아 막달레나는 열심히 그리스도를 찾다가 어찌할 바를 모르고 한탄했다. 그러나 그리스도가 먼저 그녀를 찾고 계셨다. 그리스도는 다른 모습을 하고 그녀를 부르셨다. 그녀는 달아나려고 했는데 바로 그 순간에 다시금 예수님을 만나게 되었음을 깨달았다. 이름을 불렀다는 것은 부르심을 뜻한다. 그 부르심은 하느님의 부르심이다. 곧 하느님이 부여하시는 사명을 뜻한다. 자신의 이름을 부르는 목소리를 듣고, 그것이 자신을 향한 것임을 깨닫게 되는 데는 시간이 걸린다. 모든 것은 이름을 부르는 그 목소리 여하에 달려 있지만, 이름이 불렸을 때, 그것이 자신을 부르는 것임을 알고 그 목소리에 응답한다면 얼마나 기쁘겠는가!

엠마오로 가던 제자들은 '이제 예수님을 찾는 일은 그만두자, 당연한 일 아니냐.' 하고 생각했다. 그러나 그리스도는 그들에게 말을 거셨다. 그리고 그들을 비관적인 생각에서 벗어나도록 다정하게 위로하셨다. 또 독특한 방법으로 자신과 제자들에 관한 것을 그들에게 물으시고, 이어 미사성제의 진정한 의미를 깨닫게 해 주셨다. 자신들의 사명이 무엇인지 다시 눈을 뜬 제자들은 그리스도가 자신들을 버리고 가신 것이 아니라 자신들이 그리스도를 버리고 왔다는 사실을 알고는 즉시 그 자리를 떠났다.

한편으로 사도들은 티베리아스 호숫가에서 실패를 하고, 그리스도도 오시지 않았다는 것에 기분이 상해 있었다. 그러나 그리스도는 사도들에게 다시금 그들의 사명을 일깨워 주시어 그 사명의 훌륭함을 또다시 체험하도록 해 주셨다. 그들의 사명의 신비를 처음부터 다시 체험해야 한다는 것, 그리고 그 신비를 그전보다 더 황홀하게 체험할 수 있다는 것을 보여 주신 것이다. 사도들은 버려졌다고 여기고 있었는데 그리스도는 그들을 위해 맛있는 음식을 준비하고 계셨다. 이를 통해 완전히 길을 잃고 방황할지라도 그리스도는 결코 그들을 버리지 않는다는 사실을 알게 되었다.

사도들은 하느님과 만난 것이 우연이 아님을 알았다. 하느님과 만나는 것이 자신들이 업적(공로)을 쌓아 얻는다거나 쟁취할 수 있는 그러한 것이 아님을 깨달았다. 그것은 성실한 벗으로서의 친교이자 다정한 부르심이었고, 하느님이 간절하고 겸허하게 청하는 것임을 배웠다.

우리도 그 사실을 알아야 한다. 사도들의 생활이 다른 사람과 다른 점은 하느님이 그들에게 나타나셨다는 것이 아니다. 그들이 하느님을 알아챌 수 있었다는 점이다.

하느님이 가르쳐 주신 기도

*la prière
d'un homme moderne*

"주님, 저희에게도 기도하는 것을 가르쳐 주십시오."
(루카 11,1 참조)

✳

사람이 하느님에게 기도한다고 생각하는가?
그렇지 않다.
하느님이 사람에게 기도하고 계신다.

그리스도는 우리에게 진정한 하느님(사랑의 하느님)을 보여 주시면서 진정한 힘(사랑의 힘)도 보여 주셨다. 그리스도는 그리스도교만의 기도를 창시하셨다.

예수님은 3년 동안 사도들과 함께 생활하시면서 그들에게 여러 가지를 가르치신 후, 어느 날 그들에게 말씀하셨다.

"너희는 어떻게 기도해야 하는지 모르고 있다. 이제까지 단 한 번도 옳게 기도해 본 적이 없다. 그러니 새로운 기도를 가르쳐 주겠다."

사도들은 매우 놀랐다. 왜냐하면 그들은 자기 나름대로 열심히 기도해 왔기 때문이다. 헤아릴 수 없을 정도로 시편을 외우고, 무수히 예배를 드리면서 말이다.

결국 그리스도는 아들로서 깊은 신뢰와 확신을 가지고, 예수의 이름으로 하느님 사랑의 입김에 의한 기도를 그들에게 가르치셨다. 그것은 가련한 목소리로 무엇을 애걸한다거나, 종이 주인에게 하는 기도가 아니라 아들로서 하는 기도였다.

"아버지, 저는 아버지께서 저의 바람을 들어주실 것을 잘 알고 있습니다."

"아버지, 아버지의 것은 모두 제 것입니다."

우리는 이렇게 기도하고 있는 것일까? 이렇게 기도하지 않는다면 어떻게 하느님을 "아버지" 하고 부를 수 있단 말인가? 지금 사람들이 하는 기도는 대략 이런 내용이라고 할 수 있다.

"하느님, 당신은 제가 말하는 것을 항상 들어주시지는 않지요. 물론 잘 알고 있습니다. 들어주실지 말지는 당신 생각에 달려 있다는 것을요. 당신이 가지신 것은 당연히 제 것은 아니겠지요. 가장 좋은 것은 당신의 몫입니다."

그런데 인간들 중에 자기 아버지에게 그렇게 말할 아들이 있을까? 만일 그런 말을 한다면 그 사람은 아버지를 모르는 사람이다.

자신의 입장에서 기도하면 진정한 기도라고 할 수 없다. 그것은 그저 하느님을 변화시키려는 터무니없는 시도다. 우리가 중요하게 생각하는 것에 하느님도 관심을 가지기를 요청해 우리 뜻대로 되기를 바라는 일이다. 이는 하느님의 마음을 달래 그분을 움직이게 하려는 것이고 그분을 흔들어 일깨우려는 것과 다름없다.

그런데 사실 하느님과 우리의 관계에서 변해야 하는 건 바로 우리다. 여러 그리스도인들이 말하는 분은 하느님이 아니다. 그들이 말하는 걸 들어 보면 오히려 그리스도인들이 하느님보다 더 낫다. 그들이 하느님에 관해 흔히 하는 말을 생각해 보자.

"하느님은 당신의 생각대로 행하신다. 당신이 원하시는 곳에서, 원하실 때 은총을 내려 주신다."

"누구에게 언제 하느님이 손을 내밀어 주실지 모른다."

"은총을 내려 주실 때 받아 두지 않으면 다시는 안 내려 주실지도 모른다."

진정한 하느님은 우리에게 은총을 주시기 위해 죽음을 당하셨고, 우리 인간이 그것을 거절했기 때문에 십자가에서 돌아가셨다. 그런데 우리는 아직도 하느님을 제멋대로 행동하는 독재자인 듯 생각하고 있다.

독일의 철학자인 포이어바흐는 "인간은 그가 신봉하는 신神보다 더 낫다고 생각하면 무신론자가 된다."라고 말했다. 사실 무신론적인 생각을 가지고 기도하는 사람은 많다. 만일 당신이 하느님을 부른다면 무신론자다. 또 하느님에게 무엇을 고하고, 하느님을 설득하고, 하느님을 바꾸려 한다면 무신론자가 되는 것이다. 이 사실을 생각해 본 적이 있는가?

성당에 나가는 것이 하느님을 배려하고 하느님을 위하는 일이라고 생각할지도 모른다. 안타까운 일이다. 살면서 너무나 많은 일에 신경을 쓰고 있는데 하느님까지 당신을 괴롭히는 폭군이라고 생각하는 것이다. 그러나 사실은 그 반대다. 하느님은 당신을 걱정하신다. 하느님은 반가이 맞이해 주시고 위로하며 길러 주시고, 심지어 당신의 발을 씻겨 주신다.

하느님에게 봉사하기 위해 성당에 나가서 활동한다고 생각하는가? 그런 오만한 생각을 해서는 안 된다. 사실은 하느님이 당신에게 봉사하고 계신다. 하느님은 인간에게 봉사받기를 원하시지 않고, 인간에게 봉사하기를 원하신다. 하느님이 당신에게 베풀어 주신 봉사를 하느님에게 되돌려 드려서는 안 된다. 당신의 형제들에게 되돌려주어야 한다.

하느님에게 무언가 말하기 위해 성당에 간다고 생각하는가? 당신은 온종일 말했다. 성당에 나가서까지 추가로 말해야 한다니 귀찮은 일이다. 사실은 그렇지 않다. 하느님이 당신에게 말씀해 주고 계신다. 당신이 신앙 안에서 들을 줄만 안다면, 하느님은 모든 것을 치유할 힘을 가지신 말씀을 다정하게 속삭여 주신다.

기도는 하느님에게 호소하는 것이 아니다. 하느님이 들려주시는 말씀을 듣는 것이다. 하루에 여섯 시간, 수도자들은 기도 중에 무엇을 하는 것일까? 하느님의 말씀을 여러 번 되뇌면서 그 말씀에 고요히 귀를 기울인다. 그러면 이윽고 그 말씀이 그들에게 직접 들려오게 된다. 그들은 하느님의 마음으로 가득 채워진 말씀을 통해 사람들에게 말을 할 수 있게 되는 것이다.

 우리의 기도는 하느님을 봉양하기 위한 것일까? 그것은 잘못된 생각이다. 신들에게 음식을 바친 것은 우상 숭배자들이었다. 그리스도교의 하느님은 식탁에서 우리에게 봉사하셨고, 풍족하게 음식을 베풀어 주셨다. 그렇기 때문에 우리도 우리 차례가 되어 이웃에게 음식을 베풀 수 있게 된다.

 당신은 사람이 하느님에게 기도한다고 생각하는가? 그렇지 않다. 하느님이 당신에게, 사람에게 기도하고 계신다. 하느님은 당신에게 끝없이 베풀기를 원하신다. 아니, 하느님은 이미 당신에게 말할 수 없을 정도로 풍성하게 모든 것을 다 주셨다. 그것은 당신이 다 받기 힘들 정도로 풍성한 것이다.

 유감스러운 일이지만 우리의 기도는 거의 모두가 겉으로 보기에는 올바른 기도인 듯 보여도 그 내용을 자세히 살펴보면 문제를 알 수 있다. 기도가 라틴어로 바쳐지는 동안 우리는 완전히 거기에 마취되어 잠을 잤다고 해도 될 정도로 무감각해져서 이 사실을 알지 못하고 있었던 것이다. 그러나 지금이야말로 우리는 잠에서 깨어나 기도에 대해 생각해야 한다. 우리가 바치는 어떤 '기도문'은 현재 우리 목에 걸려서 넘어가지 않는 상태다. 그 기도들은 모두가 명령하는 강한 형태를 취하고 있다. 그 기도가 '탄원'이든 '청원'이든 간에, 그것들은 하느님만이 마음을 바꾸어야 할 분이며, 이 세상을 낙원으로 만들어 가는 과정에서 그것을 방해하는 큰 장애물은 하느님이라는 생각을 우리에게 심어 준다. 그 기도는 대략 이런 내용이다.

"하느님, 제발 이 어린이의 티 없는 기도를, 이 소녀의 순수한 기도를, 이 모친의 진심 어린 근심의 기도를 들어주시어 저희 모두가 원하는 것을 얻어 평화를 누리게 하소서."

그러나 우리에게 평화를 가져다주신 분은 하느님이시다. 그분이야말로 평화의 대지지자시다. 하느님에게 평화를 기원할 때, 우리는 우리에게 의탁된 바람을 방향을 바꾸어 하느님에게 들려드리는 것에 불과하다. 항상 하느님이 우리에게 제안하시는 것에 마음을 완전히 여는 것. 그것이야말로 진정한 기도다.

전쟁을 일으키는 것은 인간이며 평화로운 세상을 만드는 것도 인간이다. 오직 인간에게 달려 있는 것이다. 하느님에게 무엇을 청하든 하느님은 당신을 통해서만 그 무엇을 베풀 수 있을 뿐이다. 기도를 하면서 하느님이 품고 계시는 평화를 갈망하는 마음으로 충족되었을 때 비로소 하느님은 우리 인간 안에서 역사하실 수 있게 된다. 만일 우리가 "기적이 일어나지 않는 한 전쟁 지역에 평화는 오지 않는다."라고 한다면, 그것은 전쟁을 하느님의 책임이라고 하는 말이다. 기적은 우리가 할 수 있는 일을 다 한 후에 기다려야 한다. 처음부터 기적만을 기다리는 것이 아니라, 하느님이 부어 주시는 평화를 갈망하는 마음으로 충족되도록 기도해야 한다.

우스운 이야기지만, 그리스도교인들이 기도를 해서 하느님의 마음을 변화시키는 것이 아니라 자신을 변화시켜야 한다고 말하면 그들은 즉시 기도할 필요가 없다는 결론을 내려 버린다. 만일 기도를 해서 설득해야 할 분이 하느님이시라면 문제는 바로 해결되어 버릴 것이다. 그런데 설득해야 할 상대가 우리 인간이기 때문에 길고 긴 시간이 필요한 것이다. 우리는 좋지 않은 생각을 가지고 있다. 자신을 하느님에게 내맡겨 우리를 변화시켜 달라고 하는 대신에, 하느님에게 좀 더 훌륭한 분이 되어 주시길 부탁하는 것이 훨씬 자신에게 도움이 되고 손쉬운 일이라 생각한다.

우리의 기도는 모순되어 있다. 예를 들면 "주님, 자비를 베푸소서."와 같은 기도가 그것이다. 생각해 보라. 연민의 정이 없는 사람, 자신의 마음을 열고 타인을 동정해야 할 사람, 동정심이 많아지도록 청해야 할 사람은 대체 누구란 말인가?

하느님의 무한한 자비의 빛, 이 세상의 죄 때문에 극심한 고난을 당하신 그리스도의 빛이 겨우 우리에게 이르러 우리를 움직이려고 할 때 우리는 책임을 느끼고 기분 좋게 일어나 이웃을 도우러 가지 않는다. 이웃이 아니라 하느님을 향하여, 자기가 지닌 생각으로 그분을 비추어 보고는 하느님을 도와주는 자가 되려 한다. 하느님도 우리와 똑같이 선량한 분이 되어 주시길 청원하고, 하느님이 우리에게 돌보라고 맡겨 준 사람들을 반대로 하느님이 맡아 돌봐 주시기를 기원하고 있다.

이번에는 "주님께서 여러분과 함께."라는 구절을 살펴보자. 생각해 보라. 당신은 하느님이 당신과 함께 계시지 않는다고 생각하는가? 진정한 의미에서 하느님과 떨어져 있는 이는 누구인가? 진정으로 하느님에게 와 달라고 기도할 수 있다고 생각하는가? 하느님에게 하느님의 의무를 생각하라고 기도할 수 있으리라 생각하는가? 오히려 "주님께서 여러분과 함께 계십니다. 형제자매 여러분, 이 기회에 우리 주님과 함께 있어 보지 않겠습니까?"라고 해야 할 것이다.

시편도 순화가 필요하다. 시편은 계시를 받지 못한 구약의 기도다. 이 기도를 지금도 바치는 것은 유감스러운 일이다. 언제쯤에야 그리스도교의 시인이 신약의 시를 발견할 것인가. 실로 2천 년 동안 그러지 못했다.

성찬례에서 사제는 "주님, 온 세상에 널리 퍼져 있는 교회를 생각하시어"라고 하는데, 진정 교회를 생각하고 계시는 분은 누구일까.

또 "주님, 당신 종을 기억해 주소서."라는 예를 생각해 보자. 하느님이 해를 거듭할수록 기억력이 약해져 이제는 아주 쓸모없게 되기라도 했단 말인가? 사실 우리는 오직 하느님에게서 온 사랑의 숨결을 통해, 또 하느님 대전에서만 그분이 돌봐 주라고 우리에게 위탁하신 사람들을 기억하는 것이다. 따라서 우리의 기도는 "주님, 저희는 당신 대전에서, 당신으로 인하여, 당신이 사랑하는 이를 기억합니다."라고 해야 하지 않을까? 그리고 또 우리는 "하느님, 진노를 풀어 주세요." 또는 "하느님, 숨 좀 쉬게 도와주세요." 또는 "이 세상의 것을 멀리하도록 이끌어 주세요."라고 하느님에게 청한다. 대체 그런 기도는 무엇인가?

물론 당신은 그러한 표면적인 말에 담긴 진정한 의미를 파악할 수 있을 정도의 지성을 가지고 있을 것이다. 그러나 문제는 사용되는 그 말의 속뜻을 들여다보기 위해서는 지적인 작업이 많이 필요하다는 점이다. 그렇게 되면 기도할 때 마음이 거기서 완전히 떠나 버리게 된다. 기도하는 사람들이 자신이 생각하는 것을 직접적으로 하느님에게 말씀드려서는 안 되는 이유가 있는가?

진정한 그리스도인의 기도는 자기 자신을 하느님에게 바치는 것이다. 그렇게 함으로써 하느님은 우리 안에 머무르신다. 이는 언제나 말과 행위와 바람을 가지고 있으면서도 막상 무슨 일을 시작하면 다른 길로 들어가 하느님의 뜻대로 하지 못하게 되는 우리에게 다시금 하느님이 말하고 행동하실 수 있도록 기회를 드리는 것이다. 그리스도인의 기도는 하느님의 부르심을 상기하는 일, 즉 우리를 위한 하느님의 계획, 하느님의 제안에 동의함을 의미한다. 다시 말하자면 그리스도인의 기도는 전부 감사의 행위인 것이다.

당신이 하느님에게 받은 선물을 알기만 한다면 기도가 감사의 행위라는 것을 깨달을 수 있을 것이다. 기도는 결코 부富를 가르치거나, 하느님의 너그러우심을 측량하는 일이 아니다. 기도는 모두가 감사이며, 하느님이 우리 안에서 행하시는 일을 기쁨에 넘쳐 인정하고 받아들이는 것이다.

어렸을 때 나는 기도에는 네 가지 유형이 있다고 배웠다. 찬미, 감사, 청원, 회개다. 그러나 지금 나에게는 단 한 가지, 감사 기도밖에 없다.

  찬미 기도는 하느님을 하느님으로 인식하는 것을 뜻한다. 그런데 그리스도교의 하느님은 모든 것을 우리에게 내주신 하느님이시다. 그리스-로마 시대 사람들에게 하느님을 찬미한다는 것은 하느님에게 "나는 당신을 사랑하고, 모든 것을 당신에게 바치며 당신에게 봉사할 것을 맹세합니다."라는 뜻이지만, 그리스도인이 하느님을 찬미하는 일은 무한히 모든 것을 베풀어 주시는 하느님의 너그러우심을 인식하는 것을 뜻한다. 즉 하느님에게 이렇게 말씀드리는 것이다.

  "당신은 저에게 모든 것을 주셨습니다. 당신은 순수한 선물이시며 사랑이시고 헌신 그 자체이십니다. 깊이를 알 수 없을 정도로 저를 사랑하셨고, 지금도 저를 사랑하고 계십니다. 그 사랑에 감동해 무엇인가 보답해 드리려고 할 때, 저는 당신이 제가 드린 선물을 타인에게 베풀어 주신다는 사실을 알게 됩니다. '가장 작은 이들 가운데 한 사람에게 해 준 것이 바로 나에게 해 준 것'이라고 말씀하셨기 때문입니다. 또 당신은 기꺼이 제 안에 사시어 저의 모든 것이 되어 주셨습니다."

  청원 기도는 우리 안에 은총이 역사하지 않으면 이룩될 수 없는 것, 즉 자기 내부에서 역사하시는 은총을 받아들여 그것을 감사하는 행위다. 트리엔트 공의회는 요한 23세 교황 이전에 사용하던 엄중한 문체로 선언했다.

"만일 누구든, 성령의 감도나 도우심을 받지 않고도 신덕, 망덕, 애덕 즉 향주삼덕의 행위나, 그 밖의 구원을 위해 필요한 회개 행위를 할 수 있다고 주장한다면, 그를 파문에 처한다."

또 바오로 사도도 "성령께서도 나약한 우리를 도와주십니다. 우리는 올바른 방식으로 기도할 줄 모르지만, 성령께서 몸소 말로 다 할 수 없이 탄식하시며 우리를 대신하여 간구해 주십니다."(로마 8,26)라고 말했다.

더욱이 그리스도도, 하늘에 계신 아버지가 먼저 우리에게 필요한 것이 무엇인지를 다 알고 계신다는 사실을 보장해 주셨다.

그렇다면 회개의 기도는 무엇일까? 하느님에게 용서를 청할 때 당신은 알고 있는가? 하느님이 당신을 용서하고자 간절히 원하시기 때문에 마침내 당신에게 용서받기를 원하는 마음이 생기게 된다는 것을 말이다. 그처럼 하느님은 당신을 용서하기를 원하신다. 그러니 하느님에게 용서를 받는다는 것이 중요한 게 아니라, 당신이 하느님의 용서를 받아들이느냐, 하는 것이 그분에게는 더 중요하다. 우리는 용서받을 만한 자격도 없고, 실제로 용서를 청할 수조차 없다. 다만 하느님이 용서해 주시는 것에 자기 마음을 열 수 있을 뿐이다.

그러나 당신은 이렇게 물을지도 모른다. 혹시 하느님이 늘 우리가 말하는 것을 들으시고 앞질러 가서 우리의 일을 생각해 주신다면, 왜 많은 기도들을 들어주지 않느냐고 말이다. 어렸을 때, 나는 여러 해 동안 위대한 성인(보통 성인으로는 만족할 수 없으므로)이 되게 해 달라고 기도했다. 열심히 되풀이해서 기도했지만 하느님은 나를 성인으로 만들어 주시지는 않았다. 나는 이 때문에 실망했다. 그런데 과연 하느님은 내가 성스러운 자가 되기를 원하지 않으셨을까?

아니, 그렇지 않다. 하느님은 언제나 우리의 청원을 들어주신다. 그러나 우리의 성실성을 헤아린 후의 일이다. 우리의 기도가 그 목적을 달성할 힘을 가지고 있느냐 아니냐는, 입으로 내뱉는 말로써 판단되는 것이 아니라 우리의 바람이 얼마나 진실한지에 따라 판단되는 것이다. 성도로서 본질을 청했을 경우, 만일 하느님이 그 말을 액면 그대로 받아들이신다면, 우리는 고통스럽고 놀라서 저항하며 비명을 지르고 말 것이다.

"가만 내버려 두십시오. 당신은 나에게 상처를 입히십니다. 그것에는 손을 대지 말아 주십시오. 절대로 바칠 수 없습니다. 가장 소중한 것이니까요."

그리고 그제야 비로소 우리는 성스러운 것을 원하면서도, 진정으로 구하던 것을 알게 된다. 그것은 단지 성인의 후광일 뿐이며, 자기의 부족함을 은폐하기에 알맞은 기만적인 장막이며, 자기 흥미를 끄는 얼굴에서 조금쯤 흉터를 제거하는 것이었다. 그러나 일단 자아(自我, 특히 신자로서의 본질을 갖추겠다는 외람된 바람)를 없애고, 자기 자신을 그리스도가 지니셨던 겸허함과 타인에게 도움이 되겠다는 마음과 관대함으로 채우도록 하자. 그렇게 각자가 자신을 위한 하느님의 계획을 받아들이기까지는 긴 시간이 필요하고 하느님의 부르심도 여러 번 되풀이되어야 하며 하느님과 몇 차례 만남도 가져야 한다.

기도는 우리의 반항심과 불신의 두꺼운 층을 부지런히 제거하는 노력이라 말할 수 있다. 우리 위에 풍성히 내리는 하느님의 은총이 그 층을 뚫고 들어올 때는 언제일까? 당신은 이렇게 물을지도 모른다.

"그리스도가 우리에게 기도를 가르쳐 주실 때, 청하는 사람은 받고 찾는 사람은 얻고 두드리는 사람에게는 열릴 것이라고 말씀하시지 않았는가? 과연 그럴까?"

그렇다. 다만 어떻게 언제나 청하는 것을 얻을 수 있는지가 문제다. 실은 우리가 청하는 것은 이미 우리에게 주어져 있다. 그런데 그것을 어떻게 발견할 수 있는가? 그것은 이미 찾기 전에 우리 눈앞에 놓여 있다. 또 어떻게 문으로 들어갈 수 있는가? 그 문은 전부터 이미 활짝 열려 있어 언제나 들어갈 수 있다.

물론 우리는 기도해야 한다. 항상 기도를 해야 한다. 여기서 질문이 하나 있다. 당신은 루카 복음서 18장에 있는 비유에 나오는 불의한 재판관에게 졸라 대는 과부같이 거듭 탄원하고 청해서 누구의 저항을 물리치려 하는가? 주기를 거절하는 하느님의 저항인가? 아니면 받아들이는 것을 주저하는 당신의 저항인가? 당신이 진정으로 되풀이해서 졸라 대면 하느님은 그 불의한 재판관처럼 마침내 할 수 없이 그 끈기에 못 이겨 이루어 줄 것이라 생각하는가?

만일 얻고자 하는 것을 베풀어 달라고 하느님을 설득하기만 하면 되는 문제라면 그리 오랜 시간이 걸리지 않을 것이다. 이는 내가 보증한다. 그러나 문제는 우리 인간을 설득해서 받아들이도록 하는 것이기 때문에 쉬운 일이 아닌 것이다. 당신은 이렇게 말할지도 모른다.

"그렇지만 그리스도도 필요한 것을 얻고자 기도하시지 않았습니까?" 사실 그렇다. 그리스도 자신도 우리 모두가 그렇듯 처음에는 구할 필요가 없는 것을 구하셨다. 그리스도의 기도는 거의 모두가 두 부분으로 나뉘어 있다. 첫 부분은 단순히 두려움과 욕망 같은 자연스러운 감정에 반응하는 기도다. 다음 부분은 반성하고 마음속으로 깊은 생각을 하며 하느님에게 진심으로 동의한다. 그리고 하느님은 하느님이시며 하느님이 주시는 것보다 더 좋은 것이 없음을 인정하는 기도다. 예를 들어, 첫 부분 기도에서 그리스도는 "아버지께서 원하신다면 이 잔을 제게서 거두어 주소서." 하고 기도했다. 이어서 "그러나 제 뜻대로 마시고 아버지 뜻대로 하소서."*라고 기도하며 보다 깊은 기도 중에 자신의 동의를 표명하셨다.

또 다른 때에는 먼저 이렇게 말씀하셨다. "이제 제 마음이 산란합니다. 무슨 말씀을 드려야 합니까? '아버지, 이때를 벗어나게 해 주십시오.' 하고 말할까요?"(요한 12,27) 그리고 다시 정신을 차린 후 깊이 생각한 끝에 "그러나 저는 바로 이때를 위하여 온 것입니다. 아버지, 아버지의 이름을 영광스럽게 하십시오."(요한 12,27-28) 하고 기도를 계속하셨다. 또 히브리인들에게 보낸 서간에는 이렇게 기록되어 있다.

---

* 이것을 아들이 죽어야 한다는 뜻으로 해석하지 말고, 십자가에 달려서까지도 이웃을 사랑할 정도로 언제나 변함없이 성실하라는 아버지의 제안이라 해석하자.

"예수님께서는 이 세상에 계실 때, 당신을 죽음에서 구하실 수 있는 분께 큰 소리로 부르짖고 눈물을 흘리며 기도와 탄원을 올리셨고, 하느님께서는 그 경외심 때문에 들어 주셨습니다. 예수님께서는 아드님이시지만 고난을 겪으심으로써 순종을 배우셨습니다."(히브 5,7-8)

그리스도는 당신이 구한 것보다 훨씬 많은 것을 받으셨다. 회피하기를 원하시고, 짊어질 짐을 받으셨다. 예수님은 자신의 마음을 열고 하느님의 선물을 받아들이셨던 것이다.

우리도 예수님이 기도하신 것처럼 기도하자. 내 뜻대로 이루어지도록 하느님을 설득하는 것이 아니다. 하느님이 훨씬 더 우리에게 좋은 것이 무엇인지 잘 아신다는 사실, 더욱이 그것을 우리가 받고자 하는 것보다 훨씬 더 많이 주길 원하신다는 사실을 우리 자신에게 납득시키는 것이다. 당신이 생각하는 것을 하느님에게 말씀드려라. 그것은 좋은 일이며 그렇게 하면 후련해지기도 할 것이다. 그러나 당신이 자신의 일만을 생각하기를 그만두고 하느님이 말씀하시는 것에 귀를 기울이기 시작하면 기도는 그 양상을 달리하여 그분이 주시고자 하는 것 말고는 구하지 않게 될 것이다.

전례 기도는 특히 신자들의 성찰 위에서 이룩되는 기도여야 할 것이다. 그렇기 때문에 그리스도교의 주요한 기도는 감사의 기도다. 미사 감사송도 언제나 어디서나 감사하라고 되어 있는데, 어찌하여 다른 기도를 생각할 수 있단 말인가?

:: 대영광송

"주님 영광 크시오니 감사하나이다." 이는 '당신을 찬미하기 위해 새삼스럽게 무엇을 생각해 낼 필요는 없습니다. 우리를 위해 베풀어 주신 일들, 당신이 얼마나 우리를 사랑하고 계시는지를 상기하는 것처럼 황홀한 것은 없습니다.'라는 뜻이다.

:: 사도 신경

하느님이 우리에게 해 주신 여러 가지 일에 대한 기쁨과 놀라움을 열거한 것이다. 이 기도는 하느님의 은총을 회상한다. 또 하느님은 결코 우리에게 실망하시지 않는다는 것, 우리를 버리시지 않는다는 것, 그리고 우리는 그분을 본받기만 하면 된다는 것에 확신을 가지는 기도다. 우리는 그리스도의 사명을 되새기며 자신의 사명을 깨닫기 때문이다.

:: 즈카르야의 노래 및 마니피캇

이 찬가들에는 단 한 가지의 청원도 없다. 하느님이 우리 인간에게 해 주신 일들을 차례로 열거하고, 하느님의 선물을 충분히 인식할 뿐이다. 고대에는 하느님이 인간을 사랑하시지 않고 인간이 하느님을 사랑하는 것이라 생각했다. 그래서 그들은 하느님에게 그 따스함과 빛을 조금이라도 훔쳐 내고자 잘 보이려고 애썼다. 이는 우리가 기도할 때도 곧잘 범하는 일이다. 무엇인가 하느님에게 받고자 그분에게 달콤한 말씀을 드리고 잘 보이려 애쓴다. 그러나 그리스도교는 하느님이 우리에게 베풀어 주시는 것, 훌륭한 것mirabilia Dei, 즉 하느님이 비천한 종 안에서 행하시는 놀라운 일에 관한 종교다.

:: 감사송, 영광송, 거룩하시다(상투스), 영성체송

"거룩하신 아버지, 전능하시고 영원하신 주 하느님, 언제나 어디서나 아버지께 감사함이, 참으로 마땅하고 옳은 일이며 저희 도리요 구원의 길이옵니다." 그리고 "예수님께서는 빵을 들고 감사를 드리신 다음……."이라는 말은 성변화聖變化의 중심을 이루고 있다. 또 바오로 사도의 편지도 모두가 감사의 말로 시작되고 있다.

그러나 슬프게도 그리스도교 신자들은 감사의 뜻을 나타낸다는 감각을 잃고 말았다. 그들은 미사에 참례해 공동으로 기도하면서 지향을 바치기만 한다. 이때 미사는 최후의 만찬을 회상하는 것에 불과하다.

"신앙을 잃으려 하는 누구누구를 위해, 파혼 직전에 있는 아무개를 위해, 고통받는 어린이들을 위해, 교통사고의 희생자들을 위해, 수술을 받으려는 누구누구를 위해……."

이러한 지향이 감사의 대상이 될 것인가?

그에 더해 미사 전례 자체도 혼란을 부추기고 있다. 미사 전례는 그리스도의 계시를 제사라는 테두리 안에 집어넣고 있다. 과연 미사는 하느님에게 바치는 희생인가? 하느님이 사람에게 바치는 희생인가? 미사 전례문을 보면 우리 자신을 하느님에게 봉헌하는 것으로 여겨질 것이다. 하지만 진정으로 봉헌하는 이는 누구인가. 사람이 자신을 하느님에게 봉헌하는 것인가? 하느님이 당신 자신을 우리에게 바치는 것인가? 누가 먼저 행하는 것인가? 누가 누구에게 음식을 주는 것인가? 누가 누구에게 봉사하는 것인가? 하느님은 당신 자신을 우리에게 선물하시는데, 우리는 그 선물을 하느님에게 바치는 봉헌물로 바꾸어 버렸다.

하느님은 외아들을 우리에게 내주심으로써 각 사람 안에 사시고, 그 사람들을 계속 사랑하시며 구원하신다. 그런데도 우리는 정중하게 외아드님을 돌려보낸다. "보내신 분에게 다시 돌아가십시오." 하고 말이다. 우리는 하느님을 설득해서 '황송하게도' 그분에게 외아드님의 희생을 받아들여 달라고 하기 위해, 삼위일체의 두 위位, 즉 성부와 성자 사이에 서 있는 터무니없이 엄청난 지위에 우리 자신을 놓고 있는 것이다.

미사 전례 가운데 몇몇 부분은 하느님을 예배하는 것, 하느님을 위해 행하는 인간의 노력, 우리가 하느님을 달래기 위해 바치는 제물 등에 모든 것을 집중시킨다. 그러나 그리스도교는 우리를 위한 하느님의 행하심, 하느님의 아가페적인 사랑* 의 계시가 중심이다. 나아가서 우리 마음을 열어 하느님이 주시는 선물과 하느님 자체를 받아들여 그분이 우리 안에서 봉사하시게 하는 것이다. 하느님은 우리가 이렇게 하기를 청하신다. 그리고 우리는 하느님에게 받은 것을 하느님에게 돌려 드리는 것이 아니라, 형제와 나누어야 한다.

때때로 사람에게 봉사하기를 그만두고 하느님의 일에만 전념해야 한다고 생각하는 사람을 자주 볼 수 있다. 그럼 여기서 의문

---

* 종교적인 무조건적인 사랑이다.

을 제기할 수 있다. 진정 우리는 하느님의 모범에 따라 이웃에게 봉사할 때 하느님에게 더 가까이 있는 것인가? 아니면 하느님에게 몸을 바칠 때 그분에게 더 가까이 있는 것인가? 우리가 무엇인가 이웃을 위한 일을 한다면 곧 하느님을 위한 것이기도 하다. 이 두 가지는 서로 분리해서 생각할 수 없다. 그러나 하느님만 신경을 쓴다면 이웃에게는 소홀해지게 된다.

여러 해 동안 종교 교육을 받고 난 후 그리스도교가 하느님을 섬기지 않는다는 점을 깨달으면 충격을 받을 수 있다. 그러나 하느님은 섬김을 받기 위해 이 세상에 오시지 않고 섬기러 오셨다(마태 20,28 참조). 계시의 새로운 점은 하느님이 하늘과 땅의 주인이시므로 인간의 손으로 만든 신전에서는 살지 않으신다는 데 있다. 또 하느님에게는 인간의 손으로 채워 드려야 할 부족한 것이라고는 하나도 없으시다. 오히려 하느님은 친히 생명과 숨과 모든 것을 주시는 분이다(사도 17,24-25 참조).

하느님에게 봉헌해야 할 진정한 예배란 하느님이 인간에게 해 주신 봉사를 우리가 행하는 일이며, 하느님이 주신 선물을 생각하고 또 그것을 기념하는 일이다. 하느님에게 하는 진정한 봉사란 하느님에게 다시 한번 봉사를 받는 일이다. 하느님이 우리를 위해 해 주신 일들을 늘 생각하는 것보다 그분을 훌륭하게 존경하는 일은 없다. 누가 이보다 더 큰 존경의 방법을 생각해 낼 수 있단 말인가? 하느님의 진정한 '영광'은 우리의 존경을 받는 데 있는 것이 아니라 하느님의 사랑과 겸손의 선물을 우리 사이에 다시 한번 현존하게 하는 것, 다시 보내 주시도록 하는 데 있다.

"나는 섬기는 사람으로 너희 가운데에 있다."(루카 22,27)

그리스도교에서 전하는 본질은 "우리만 하느님을 사랑하는 것이 아니라 하느님이야말로 우리를 사랑하신다."라는 사실, 일인자이신 분이 스스로 다른 누구보다도 작은 이가 되셨다는 사실, 스승이 종이 되셨다는 사실의 계시다. 우리의 '예배'는, 항상 새로운 이 '기쁜 소식'을 인식하고 기억하며, 그에 대해 감사하고 거기에 자신을 몰입시키는 데 있다. 그러나 우리는 때때로 이 사실을 자주 잊어버린다. 따라서 무엇이 하느님에게 적합한 것인지 하느님보다 더 잘 안다고 생각하고, 우리가 진정한 가치를 알고 있다 생각하며, 그것을 하느님에게 강제로 떠맡기려 한다.

하느님의 말씀이 육신을 취하시어 인간이 되셨을 때, 주님은 하느님이 좋아하시는 것이 무엇인지를 밝히시고, 신성한 생활 방법을 나타내기 위해서 인간의 모든 가치 중에 어느 것이 가장 적절한지 선택해야만 했다. 그래서 그분은 부, 명예, 힘, 권위, 영광, 폭력을 즉시 버리고 빈곤, 겸손, 온유, 봉사, 고통, 정의, 연민 등을 선택하였다. 그러나 우리는 다음과 같이 그분에게 말한다.

"지금까지 연기를 잘해 주셔서 정말 고맙습니다. 33년 동안 당신은 약하고 가난하며 겸손한 종인 듯 행동하셨습니다. 얼마나 힘겹고 얼마나 고통스러우셨습니까! 다행히 그것은 끝났습니다. 앞으로는 우리가 당신에게 참된 지위를 되찾아 드리겠습니다. 당신과 우리의 입장이 다르다는 것을 다시금 확실하게 하고, 예절을 중요시하여 당신의 존엄성을 되찾아 드리겠습니다. 우리가 당신에게 봉사하겠습니다. 당신은 봉사를 받으셔야 합니다. 왕좌에 앉으셔야 하며 우리는 그 앞에 부복해야 합니다. 우리는 아무것도 입지 않아야 하고 당신은 금과 보석으로 장식되어야 합니다. 이는 우리 모두가 원하는 것이므로, 그 비할 데 없는 영광이야말로 틀림없이 당신이 원하시는 것이라 생각합니다."

이처럼 우리는 하느님이 계시하신 신성한 모든 가치들을 인간적인 가치와 대치시켜 놓았으며, 계시를 통해 받았던 놀라움을 완전히 속된 것으로 만들었다. 먼저 봉사받아야 할 자와 먼저 봉사해야 할 자가 있다면 누가 더 위대할까? 나는 젊었을 때 늘 "하느님이야말로 첫째로 봉사받으실 분"이라는 말을 들었다. 그러니 하느님이야말로 첫째로 봉사하시는 분임을 진정으로 깨닫게 되기까지 몇 해나 걸렸다. 하느님은 사랑받으실 분, 봉사받으실 분, 기도받으실 분이 아니라 오히려 사랑하시는 분, 봉사하시는 분, 기도하시는 분이시다.

첫 번째 미사 때 그리스도는 앞치마를 두르고 우리를 당신의 식탁으로 초대하시어 식사 준비를 하신 다음, 빵과 포도주를 내주셨다. 그런데도 우리는 그리스도를 마치 제물을 듬뿍 받기를 원하시며 존경을 받기 위해 왕좌에 앉아 계시는 스승님으로 생각한다. 또한 그런 주님을 마음속으로 상상한다. 그러한 제물들을 어떻게 해서든 그리스도가 받아 주셔야 한다는 마음을 가지고 말이다. 성체를 축성하기 전에, 그리스도는 웃옷을 벗으시고 수건을 허리에 찬 다음 제자들에게 봉사하셨다. 이와 반대로 그리스도의 후계자들은 "예식을 위해 장식된 의복"으로 몸을 감고 있다.

고해의 본질도 역시 그리스도가 허리에 수건을 두르고 무릎을 꿇은 후에 우리의 발을 씻겨 주시는 데 있다. 그런데 베드로는 이러한 그리스도의 예식을 견딜 수가 없었다. 그래서 "주님은 제 발을 절대로 씻지 못하십니다."라고 말했다. 교회의 고해성사도 그리스도처럼 고해자의 발을 겸손하게 씻어 주는 것이다. 그러나 재판관이나 된 것처럼 고해자에게 "몇 번? 누구와? 어디서? 어떻게?"와 같이 물으며 진술을 들으려 하고 고해자를 마구 꾸짖어 대는 경우도 있다. 고해자의 발을 씻겨 주는 대신에 말이다.

이렇게 하면 하느님은 위장되어 정체가 가려지고 만다. 그 옛날 이미 헤로데 왕이 그리스도에게 진홍색 옷을 입힌 일이 있었다.* 그것은 그리스도를 조롱하기 위해서였다. 그런데 지금 우리는 그리스도에게 영광을 드리기 위해 그런 옷을 입혀 드리고 있다. 그리스도는 우리의 황금 성체 현시대 안이나, 비할 데 없이 존귀한 성작(잔), 보석으로 장식한 성합 속에서 질식하기 직전이실 수도 있다. 그리스도는 외양간의 말구유와 짚단, 그리고 십자가의 나무를 사랑하신 분이시기 때문이다.

이러한 내 말이 반대만 하는 소리, 변혁을 원하는 소리로 들릴 수도 있다. 과연 내가 개혁을 원하는 것일까? 그렇지 않다. 나는 다만 그리스도의 계시가 지금도 여전히 생명 있는 것, 경탄할 만한 충격을 주는 것, 새로운 사실, 기쁜 소식 그대로 있어 주기를 원할 뿐이다.

미사를 '예배 의식만을 위한' 것으로 만든 것, 즉 콘스탄티누스

---

* 그 당시 진홍색은 왕가를 상징하는 색이었다.

황제가 행한 것과 같이 아주 황제다운 것으로 만든 것, 그것이야 말로 신자들에게 그리스도의 계시, 그리스도의 감화가 가져다주는 놀람을 느끼지 못하게 하는 것이다. 만일 미사가 하느님을 위해 무엇을 하는 예식이라면, 미사에 참례하는 것만으로 하느님에 대한 부채가 없어진 셈이 된다.

또 만일 하느님이 봉사를 받으시고, 향을 피워 올리고, 음식을 제공받고, 연회를 벌여 축하하는 것을 기뻐하는 분이라면, 우리가 그러한 하느님과 같이 되고자 열망하는 것은 당연한 일이다. 위엄을 지니고, 높이 앉아 권위를 내세우고, 자랑과 교만에 차 찬미를 받고 봉사를 받는 것이 복음서와 모순되지 않는다고 생각하는 것도 당연하다. 그러나 만일 미사를 거행하는 것이 하느님이 우리에게 행한 사랑과 봉사가 놀라운 것임을 기억하는 일이라면, 우리는 생명과 사랑과 봉사라는 가치를 그리스도와 마찬가지로 소중히 여기게 될 것이다.

하느님이 우리를 위해 해 주신 일들을 반대로 다시 하느님에게 되돌려 드리는 그러한 예배를 '예식화'하면 우리는 그리스도가 그렇게도 철저히 타파해 오시던 일, 악순환 속에 다시 빠지게 된다. 그리스도는 당신이 우리를 사랑하신 것처럼 우리도 서로 사랑하라고 가르치셨다. 그런데 우리는 은혜에 보답하기 위해 그리스도를 사랑하게 되었다고 말한다.

하느님에게 아주 많은 것을 받았기 때문에, 이제는 우리 차례가 되었으니 무엇이든 하느님을 위해 행하지 않으면 안 되겠다고 생각하는 것은 당연한 일일 것이다. "하느님을 위해서는 무슨 일을 하든 지나친 일은 없다."라고 아르스의 주임 신부였던 비안네 성인은 말하였다.

확실히 그렇다. 그러나 누구에게 무엇인가 해 주고 싶을 때, 당신은 누구의 기호에 따를 것인가? 해 주는 당신의 마음에 맞는 것인가? 받는 상대방의 마음에 맞는 것인가? 자기가 늘 가지고 싶었던 컴퓨터를 아내의 생일 선물로 주는 남편 같은 일을 해서는 안 된다. 금, 은, 보석, 향유 그리고 왕좌를 하느님에게 바쳐 드릴 때 우리가 범하는 실수는 바로 그런 것이다. 그리스도가 좋아하시는 일은 실로 명백하다. 그리스도는 당신 자신을 사랑해 주기를 원하신다든가, 선물을 보내 주기를 원하시지 않는다. 그분은 우리가 서로 사랑하기를 원하시며, 당신을 사랑하는 표시로 이웃을 사랑하기를 원하신다.

그리스도는 "너희가 내 형제들인 이 가장 작은 이들 가운데 한 사람에게 해 준 것이 바로 나에게 해 준 것"(마태 25,40)이라고 가르치신다. 하느님이 원하시는 일들을 우리 안에서 그분이 행하시도록 하는 것만큼 그분에게 가까이 가고 그분의 뜻에 합당하여 하느님으로 가득 채워지는 일은 없다. 하느님이 하고자 하시는 일은 '주님'으로서 존경받는 일이 아니라, 자신을 그 누구보다도 낮은 지위에 두어 모든 이의 종이 되는 일이다.

당신이 조심해야 할 점이 있다. 당신은 자신이 상상하는 그런 하느님과 유사하게 될 것이기 때문이다. 만일 하느님을 사랑받고 봉사받으며 유향을 피워 주기를 좋아하고 그분 앞에서 두려워하는 사람을 보기를 좋아한다고 생각한다면, 나는 당신이 가정이나 사회에서 어떠한 역할을 하는지 쉽게 상상할 수 있다. 사실 위압적인 아버지나 권위적인 성직자 중에는 그들이 가르친 하느님과 완전히 똑같은 사람들이 있다. 그러나 하느님을 사랑하시는 분, 봉사하시는 분, 너그러우시고 순수하시며 우정이 두터우신 분임을 안다면, 당신은 그리스도가 계시하신 바를 다시금 생명이 흐르는 것으로 만들 것이다.

예수님은 하느님이 어떠한 분인지를 알고 계셨다. "아버지는 아드님을 사랑하시고 모든 것을 그분 손에 내주셨다는 사실, 아들은 아버지에게서 나와 세상에 왔다가, 다시 세상을 떠나 아버지에게 갈 때가 왔다는 것"을 알고 예수님은 무엇을 했던가? 사람은 자기가 하느님에게서 나와 하느님에게로 갈 때임을 알았을 때 무엇을 할 것인가?

　예수님은 식탁에서 일어나시어 겉옷을 벗으시고 수건을 들어 허리에 두르셨다. 그리고 대야에 물을 부어 제자들의 발을 씻어 주시고, 허리에 두르신 수건으로 닦기 시작하셨다(요한 13,4-5 참조). 그런데 베드로는 자신이 모든 것(일반적인 예식이나 전례 법규나 《주교 예식서》 등)을 잘 알고 있다고 생각했다. 그래서 예수님에게 엄중하게 저항했다.

　"주님께서 제 발을 씻으시렵니까?"(요한 13,6)

　어느 나이 많은 사제는 신자가 떨어뜨린 모자를 주워 주려던 보좌 신부를 말리면서 이렇게 말했다고 한다. "우리의 입장을 알아야 하네. 품위를 지켜야 하지. 사제답게 행동해야 하네." 사실 베드로는 성직자로서 야망을 품고 있었다. 그는 출세를 할 빛나는 미래를 바라보고 있었다. 교회의 장長이 되기를 원하고 있었다. 그래서 주님이 자리에서 일어나 겉옷을 벗고 수건을 허리에 두른 다음 제자들 앞에 무릎을 꿇었을 때, 그는 자기가 원하던 출세의 길이 위태롭게 되고, 자신의 지위가 위협을 받고 있음을 보았다. 그래서 그는 우리들 누구나가 그러하듯이 "안 됩니다. 제

발을 절대로 못 씻으십니다."라고 그 가치가 낮아지는 것에 대해 항의했던 것이다.

그러자 그리스도는 "내가 너를 씻어 주지 않으면 너는 나와 함께 아무런 몫도 나누어 받지 못한다."(요한 13,8) 하고 엄한 어조로 타이르셨다. 즉 주님에게 씻겨 주지 못하게 한 그와 같은 당신은 내가 좋아하는 일에 아무런 공감도 느끼지 못할 것이며, 내가 지상의 행복이라 생각하는 것에 대한 계시를 받아들이지도 못할 것이며, 더욱이 당신에게는 나의 성격과 공통되는 점은 하나도 없게 되리라는 말이다.

그보다 앞서 야고보와 요한은 하늘에서 불을 불러 사마리아의 어느 마을을 멸망시켜 버리기를 원하고 있었다. 그러나 그리스도는 노하시어 그 두 사람에게 '그들은 자신들이 진정으로 구하는 바를 알지 못한다. 사람의 아들은 생명을 구하러 온 것이지 그것을 없애러 온 것이 아니다.'라고 말씀하셨다.

예수님은 베드로에게도 중대한 경고를 내리셨다. 우리에게도 똑같은 경고를 하신다. 만일 하느님이 당신의 발밑에서 당신의 발을 씻겨 주고, 당신을 위해 식사를 준비하시고, 식탁에서 당신에게 시중들고 설거지를 해 주시는 것을 보고는 당신이 상상하던 하느님의 우상이 깨지는 충격을 받기 싫다고 한다면 다시 살아나 그분의 친구가 될 수 없을 것이라는 경고다. 당신이 그러한 하느님을 받아들이지 못하고 자신의 사고방식, 편견, 예식, 기호 등에서 벗어나지 못하면 그렇게 될 것이라는 의미다.

지금 이대로는 안심할 수 없어 고민하는 이는 하느님이 계시는 곳까지 다다르고자 시도한다. 그래서 노력과 희생, 제물, 고행, 부당한 신비주의 같은 것에 의지해 끝없이 탑을 건설하려고 노력한다. 그러나 그들은 결코 그들이 두려워하는 하느님을 달래지 못하며, 그 무관심한 하느님의 마음을 돌리게 하거나, 무감동한 하느님을 움직이게 하지는 못한다. 그 탑은 언제나 자존심이나 실망, 분쟁 등으로 허물어지고 만다. 그가 그 광기 어린 시도에 열중하는 동안에도 하느님은 바로 그 곁에 계신다. 그 사람 앞에 무릎을 꿇고 당신의 옷을 벗어 그의 발을 씻기고 계신다. 그러므로 그 사람은 더듬거리며 하느님의 얼굴에 손을 대고 그 뺨을 만질 수 있게 된다. 그때 하느님이 미소 짓고 계심을 알게 되고, 하느님이 우리 아래에 계신다는 사실을 알게 되며, 옥좌가 아니라 우리가 발을 씻기는 사람들 중에서 가장 가난한 사람과 똑같은 위치에서 우리를 기다리신다는 사실을 깨닫게 될 것이다.

공동 집전을 하는 장엄 미사가 생각난다. 아주 엄숙했다. 주교와 서른 명의 사제, 신자들이 참석했다. 영성체를 하다 보니 관계자들은 축성된 성체가 너무나 적은 것을 알았다. 그들은 제병을 여러 조각으로 쪼갰다. 그래도 모자라서 힘들게 성체를 영했다. 나중에 관계자들은 누구에게 책임이 있는지 따져 보고 제의방 담당자가 준비를 잘못했다고 결론을 내렸다.

그때 갑자기 어느 평신도가 "당신들이 먼저 성체를 영하지 않았더라면 충분히 나누어 줄 수 있었을지 몰라요."라고 말했다. 그것은 폭탄 같았고, 성령이 보내는 천둥처럼 울렸다.

사제가 먼저 자신에게 스스로 배령하는 것이 어떠한 복음적인 의미를 가지고 있단 말인가? 혹은 '봉사'를 두 번(먼저 자신을 위해 제대에서, 그다음은 당신들을 위해 영성체 때) 한다는 사실에 대해서도 똑같은 말을 할 수 있지 않을까? 그리스도는 두터운 우정을 가지신 분이었다. 그분은 제자들과 함께 같은 식탁에서 식사를 하시고 그들에게 봉사하셨다. 그런데도 사제인 나, 즉 나는 위대한 인간이어서 당신들과 식사를 함께할 수 없다. 나는 따로 내 식탁을 마련하고, 주님의 제단과 제일 가까운 곳에서 식사를 하고, 당신들은 제대를 경계로 저쪽에 앉아서 식사하게 한다.

이는 그리스도교식이 아니다. 그러나 사람들의 마음을 바꾸지 않고 예식만 바꾸어 놓는다 해서 무슨 소용이 있겠는가? 만일 그리스도인이 자기네 하느님은 아주 겸손하고 순명하는 분이심을 다시금 깨닫는다면, 사제는 다른 사람들보다 먼저 성체를 영하지 않게 될지도 모른다.*

* 지금의 로마 미사 전례문에 사용되고 있는 용어는 비판의 여지가 있다. 즉 장황하고 근엄한, 콘스탄티누스 황제 시대에 사용하던 것과 같은 용어이자, 루이 14세가 사용한 장엄한 왕실 용어와 같은 말투가 너무나 많다. 예를 들어, 영광스러운 영위, 하늘의 제단, 영예, 은혜의 열거(황공하옵게도… 하시옵소서) 등이다. 또한 강조해야 할 점이 모호해진 비유적 표현, 축복을 무한히 바람, 결론이 아닌 결론, 수준 낮은 면(지옥에 가지 않도록 지켜 주소서 하고 기도한다), 배타적인 면(그리스도인들만이 서로를 위해 하느님에게 기도한다), 그리고 강한 어조의 청원(이를 받아들이소서, 자비를 베풀어 주소서, 또는 이것을 해 주소서 저것을 해 주소서 따위의 어조) 등이 너무 많다.

우리 마음에 살고 계시는 하느님

La prière
d'un homme moderne

"이제 하느님의 거처는 사람들 가운데에 있다."
(묵시 21,3)

기도는 우리가 하느님에게 말씀드리는 것이 아니라,
하느님이 우리에게 하시는 말씀을 경청하는 것이다.

기도는 하느님에게 무엇을 구하고자 청원하는 것이 아니라, 하느님이 우리에게 주고자 하는 것을 받아들이는 것이다. 우리가 말하는 것을 하느님에게 들어 달라고 하는 것이 아니라, 하느님이 우리를 위해 하시는 기도를 성취시켜 드리는 일인 것이다. 하느님에게 용서를 청하는 것이 아니라, 마음을 열고 하느님이 용서해 주시는 것을 받아들이는 것이다. 우리가 자신을 하느님에게 봉헌하는 것이 아니라, 하느님이 당신 스스로를 우리에게 내어 주시는 것을 기쁘게 영접해 드리는 것이다.

그렇다면 기도는 어떻게 하는 것일까? 바로 자신의 요청, 제 뜻대로 하고 싶은 마음, 자신의 바람 등을 내려놓고 하느님이 우리에게 말씀하시는 계획에 동의하는 것이다. 우리 안에 계시는 하느님이 기도하는 것에 주의를 기울이는 것이다.

"너희가 내 이름으로 아버지께 청하는 것은 무엇이든지 그분께서 너희에게 주실 것이다."(요한 16,23)라고 예수님은 말씀하셨다. 만일 당신이 원하고 청하는 것을 아직 받지 못했다면 아직도 당신이 올바른 기도를 하지 못하고 있는 것이다.

하느님이 주고자 하시는 것을 우리가 원할 때 우리의 청을 들어주신다고 주장할 때가 있다. 이는 사물을 단순히 신비화시키는 것이 아닐까? 당신은 정말로 하느님이 주고자 하는 것과 다른 것을 원하는가? 그렇다면 당신은 자기 자신에게 무엇이 제일 좋은지 하느님보다도 더 잘 안다고 주장하는 것이 아닐까?

기도는 모두가 하느님에 대한 감사 행위다. 하느님이 먼저 당신에게 말씀을 걸어 주시지 않는다면 당신은 하느님에게 말씀드릴 수 없을 것이다. 아니, 당신이 하느님에게 말씀드릴 것은 하나도 없을 것이다. 또 하느님이 당신과 친교를 맺지 않는다면 어떻게 당신이 하느님과 친교를 맺고 싶다는 생각을 할 수 있단 말인가? 하느님이 불러 주시지 않는다면 당신이 하느님을 부를 수는 없을 것이다. 하느님이 당신에게 무엇인가 감사할 만한 것을 주지 않으셨다면 당신은 하느님에게 감사할 수 없을 것이다.

당신은 하느님이 아직 당신에게 베풀어 주시지 않은 것을 하느님을 위해 할 수 있겠는가? 만일 당신이 그렇게 하고자 한다면 당신은 하느님보다 위대한 자가 되려고 애쓰는 것이다. 그렇게 되면 당신이 하느님을 받아들인다고 생각하며 행하는 그 행위가 하느님을 부정하는 것이 되고 말 것이다.

하느님에게 감사해야겠다는 마음이 드는가? 말을 걸어 보고 싶고, 따르고 싶고, 그분 안에 들어가 살고 싶은 그런 하느님을 아는가? 이러한 일들을 기쁨을 가지고 자발적으로 행하지 않는 다면 그것은 기도를 하지 않는 것이 될 것이다. 이는 곧 당신이 기도해야 하는 하느님은 이런 하느님임을 의미한다. 당신이 그전에 한 번도 상상해 본 적 없을 정도로 근사한 분이라는 사실을 계시하신 하느님, 그분의 출현에 감사를 드릴 수밖에 없는 그러한 하느님 말이다. 그런 계시를 받고, 그런 감사의 마음이 있기 때문에 그리스도는 진심으로 "아버지, 아버지를 찬미합니다. 아버지, 감사합니다. 의로우신 아버지, 세상은 아버지를 알지 못하였지만 저는 아버지를 알고 있었습니다."라는 기도가 튀어나왔던 것이다. 우리에게는 이처럼 하느님에게 간구할 것이 하나도 없다. 우리는 우리 자신이 하느님으로 가득 채워지는 동안 하느님 앞에 있기만 하면 된다.

당신은 그와 같은 계시를 하느님에게서 받은 적이 있는가?

불행하게도 하느님을 그리스도처럼 받아들이는 이들이 줄고 있다. 계시의 본원으로 돌아가는 것을 주저하고 하느님에게 매달리려고만 하는 이들이 있다. 그러면 하느님이라는 개념은 즉시 굳어지고 말라 버려 만화나 허수아비처럼 이상한 것이 되어 버린다. 결국 우상이 되고 만다. 하느님에 대한 우리의 자연적인 생각은 모두가 우상적이다. 사람이 하느님에 대해 너무나도 다른 생각을 가지고 있기 때문에, 하느님은 당신이 어떠한 분이신지를 알리기 위해 이 세상에 오셔야만 했다.

"아무도 하느님을 본 적이 없다. 아버지와 가장 가까우신 외아드님, 하느님이신 그분께서 알려 주셨다."(요한 1,18)

우상 숭배는 원시 시대의 문명에만 특별하게 존재하는 것은 아니다. 그것은 현대에도 존재한다. 우리의 두뇌는 우상 제조소와 같다. 만일 우리가 가지고 있는 하느님에 대한 진실하지 못한 개념들을 모두 두뇌에서 뽑아내어 한데 모을 수 있다면, 토템, 터부, 악마의 진기한 수집 등이 모인 세계에서 가장 훌륭한 민속 박물관이 될 수 있을 것이다.

사람들은 하느님 앞에서 죄책감을 가진다. 하느님을 무뚝뚝하고 엄격하며, 불평이 많고 교만한 분이라 생각하기 때문에 하느님을 두려워한다. 이것은 개인적인 특수성이 아니라 일반적으로 그렇다. 하느님은 인간을 당신과 비슷하게 창조하셨는데 인간은 하느님에게 지독한 방법으로 보답하는 것이다.

우리가 하느님을 우리 자신과 비슷한 모습으로, 엄위하고 당당하며 두렵고 악의에 찬 분으로 상상하는 것은 어쩔 수 없다. 그리고 그와 같은 하느님을 가지는 것에 만족하지 못하므로 하느님도 우리 인간에게 만족을 느끼지 않을 것이라 생각한다. 또 우리가 하느님을 그렇게까지 생각하고 싶지 않기 때문에, 하느님도 우리를 별로 생각하지 않을 것이라고 억측한다. 나아가서는 우리가 너무나도 하느님을 사랑하지 못하므로 하느님도 우리를 그렇게 사랑하실 리 없을 것이라고 생각하기 쉽다.

그러나 하느님의 계시 전체를 본다면 그분은 그러한 우리와 전혀 다르신 분임을 알 수 있다. 자신이 어떻게 하느님을 생각하는가에서 벗어날 때 하느님이 우리를 어떻게 생각하시는지 알 수 있다. 하느님은 우리가 하느님을 사랑하지 않을 때도 우리를 사랑하신다. 우리가 사랑받을 만한 가치가 있기 때문에 사랑하시는 것이 아니다. 하느님이 지극히 다정하시고 참을성 있게 변함없이 사랑해 주시기에, 마침내 우리가 하느님의 사랑을 받을 만한 가치 있는 자가 되는 것이다.

하느님은 사랑받을 만한 가치가 없는 우리를 사랑해 주신다는 사실을 이해하지 못한 채로 하느님의 사랑을 받을 만큼 가치 있는 자가 되길 원하는 것은 바리사이적이다. 즉 하느님 사랑을 느껴 보지 못한 채 하느님과 사랑으로 경쟁하려는 자세는 바리사이가 보이는 모습이다. 바리사이와 같은 모습은 두 가지 종류가 있다. 먼저 자신은 하느님의 사랑을 받을 만한 가치가 있기 때문에 사랑받을 권리가 있다고 생각하는 사람이 있다. 이들은 기도, 제물, 희생 등을 바치고 성당에 잘 나가기 때문에 그렇게 생각한다. 그 반대로 자신은 하느님의 사랑을 받을 만한 가치가 없기 때문에 사랑받을 일도 없을 것이라 생각하고 아예 사랑을 받으려 하지 않는 사람이 있다. 양자가 모두 사람은 하느님의 사랑을 받을 만한 가치가 있어서 사랑을 받게 된다는 원칙을 가지고 산다. 적용하는 방법이 다를 뿐이다.

그러나 그리스도교는 기쁜 소식을 전한다. 하느님은 사랑할 만한 가치가 없는 그 인간을 사랑하신다고 말이다. 하느님이 우리를 사랑하시는 데 우리가 그분의 사랑을 받을 만한 어떤 가치가 필요하지 않다는 말이다. 이는 중요한 결과를 가져온다. 당신은 당신이 생각하는 하느님처럼 행동하게 될 것이다. 그리고 만일 주위 사람들이 당신의 사랑을 받을 만한 가치가 생길 때까지

기다려야 한다면 당신은 일평생을 기다려야 할지도 모른다. 그들은 당신이 와서 사랑해 주기를 기다리고 있기 때문이다. 착하게 되려면 그들은 사랑받을 필요가 있는 것이다. 하느님은 우리가 사랑받을 만한 가치가 생길 때까지 기다려서 우리를 사랑하시는 것이 아니다. 우리도 주위 사람들이 사랑할 만한 사람이 되게 하기 위해서는 그들을 사랑해야 한다.

"아무도 하느님을 본 적이 없다."(요한 1,18)

사람은 우연, 은총, 놀라움, 계시를 통해서만 하느님을 알 수 있다. 이때 말하는 계시는 2천 년 동안 냉장고에 있던 그런 계시가 아니라 지금까지도 행해지는 성령 강림을 통한 직접적인 계시다. 그리고 "예언이 없으면 백성이 문란해진다."라는 잠언의 말은, 오늘날에도 이스라엘의 예언자 시대와 마찬가지로 진실이다.

하느님을 알도록 해 주는 징표가 있다. 갑자기 자신이 이제까지 하느님을 알지 못했음을 깨닫는 경우가 있다. 이것은 진실을 보고 있기 때문이다.

또 신앙이 무엇인지 알게 되는 징표가 있다. 자기는 신앙을 가진 자로서, 정말 무가치한 생활 방식으로 살아왔음을 깨닫고 놀라는 경우가 있다. 이것은 현재를 이전의 상태와 비교하는 안목을 가져다준다.

진정으로 기도하고 있음을 알게 되는 징표가 있다. '이런 기도를 드린 일이 이제까지는 없었다.'라고 생각하는 일이다. 그 생각을 할 때 당신은 기도가 무엇인지를 알게 된다.

아주 위대한 분과 만남을 가졌음을 알게 되는 징표가 있다. 그때 갑자기 자신이 얼마나 하잘것없는 존재인지를 느끼면서도 행복감에 젖는다. 그러나 자기 자신에 만족하고, 자신의 행동을 자랑스러워하면서, 자기의 종교적 지식에 만족하는 한(바리사이는 하느님에 관한 지식을 그들의 전매특허라고 생각했다) 당신은 틀림없이 아직도 위대한 인물을 한 사람도 만나지 못한 것이다.

그 누구도 계시를 전해 나갈 수는 없다. 그 누구도 당신에게 성령에 관한 특별한 면허를 주어, 성령 없이 당신에게 계시를 전하는 일은 있을 수 없기 때문이다. 2천 년 전과 똑같이, 지금도 성령을 통한 내면적인 표징이 하느님을 아는 유일한 길이다. 하느님만이 하느님에 관한 일을 사람에게 어떻게 들려주면 좋은지를 아신다. "세리와 창녀들이 너희보다 먼저 하느님의 나라에 들어간다."(마태 21,31) 왜냐하면 하느님에 관한 지식이 오히려 하느님의 대용품을 만들어 내는 결과를 낳기 쉽기 때문이다. 교리를 배우는 일이 오히려 신앙을 제대로 갖지 못하는 결과를 낳는 것이다. 그러나 참신앙은 우리를 기다리게 하고, 우리에게 하느님을 발견하게 하며, 놀라움을 일으켜 하느님에게로 이끌어 간다. 신앙은 계시에 마음을 여는 것이다.

그리스도교는 그것이 생겨났을 때와 마찬가지로 오늘날에도 새롭고 혁명적이다. 그러나 그와 같은 그리스도교가 상식적이나 자연적인 신앙, 전통적인 종교에 큰 충격을 주었기 때문에, 우리는 견딜 수 없어 황급히 또다시 그것을 타 종교와 유사한 것으로 만들고 말았다. 예수님은 우리를 하느님과 접촉시키기 위해, 많은 특수한 예식을 만들거나 그 예식 전문가들을 양성하는 조직이나 종교를 만들기 위해 오신 것은 아니다. 예수님이 우리에게 주신 해방 중에서 가장 중요한 해방은 종교에서의 해방이었다. 예수님은 우리 모두가 자유로이 기쁨에 넘쳐 직접적으로 하느님에게로 다가가기를 원하셨고, 하느님과 격의 없이 기쁘게 친교를 나누길 원하셨다. 그리스도교는 성직자가 아니라 사회에서 생활하는 사람들, 마음으로도 행동으로도 하느님을 예배하는 사람들, 언제 어디서나 감사하는 사람들을 위해 있다.

그리스도교는 성직을 독점하는 사제를 필요로 하지 않는다. 모두가 사제직에 참가하는 것이다. 그리스도교는 신전을 필요로 하지 않는다. 우리 모두가 성전이기 때문이다. 그리스도교는 일상생활, 즉 음식을 나누어 먹고 서로 용서해 주는 것 이외에 다른 특별한 종교적 예식을 필요로 하지 않는다. 이러한 것은 우리 모두가 해야만 하는 일들이다.

그리스도는 그 당시 성직자 계급에 속하지 않으려고 매우 애를 쓰셨다. 어부나 죄인 등 지극히 평범한 사람으로서 생활하는 비성직자로 살려고 노력하셨다. 그분은 다른 사람들과 똑같은 인간, 사람의 아들로 있으려 하셨다. 그런데도 우리는 그리스도가 사형당하는 상황에 놓이도록 배타적, 권위주의적, 억압적인 성직 계급을 만들어 버리고 말았던 것이다.

그리스도가 하신 가장 중요한 개혁은 하느님의 계시였다. 그리스도는 종교에서 코페르니쿠스적인 존재였다. 당연하지만 그 시대의 누구도 쉽게 받아들이지 못하던 사실을 발견한 사람이었다. 그리스도 이전에는 모든 것이 하느님을 예배하는 것을 중심으로 회전하고 있었다. 어떻게 하면 하느님을 달랠 수 있을까, 어떻게 해야 하느님의 마음에 들까, 자신 몫인 돈, 명예, 피를 하느님에게 바치면 될까, 어떻게 해서 하느님을 두려워하는 자신들의 마음을 진정시킬 수 있을까 등을 중심으로 해서 말이다. 그러나 그리스도는 사람에게 봉사하는 것을 중심으로 삼았다. 진정으로 하느님을 예배하는 것은 인간을 존중하는 일이다. 사람들은 "어떻게 하면 하느님의 마음에 들까?" 하고 묻지만, 그리스도는 "당신의 형제들의 마음에 들도록 하시오. 그 형제들에게 친절히 하시오."* 라고 대답하신다.

고대에는 인간을 제외한 모든 사물이 신성했다. 즉 신전, 제단, 신기神器 등이 신성했고, 나아가서는 순례하러 가는 여러 성지(숲, 샘, 언덕, 강 등)가 신성했다. 원숭이도 소도 신성했다. 인간은 그러한 '하느님의 궁전' 옆에서 굶어 죽어 갔다. 그러나 그리스도에게는 인간만이 신성했으며 다른 모든 것 심지어 하느님까지도 인간에게 봉사한다.

"그건 너무 심한 말이다. 누가 그런 말을 받아들이겠는가?" 하고 당신은 말할지 모른다. 그러나 하느님이 사람이시라는 것을 믿는다면, 어찌하여 하느님이 봉사자이심을 믿을 수 없단 말인가? 하느님은 사랑이시고 사랑은 의존하는 것이다. 하느님은 인간이 하느님에게 의존하는 것보다 더 인간에게 의존하신다. 하느님은 인간이 하느님을 사랑하는 것보다 더 인간을 사랑하시기 때문이다. 간단히 생각해 버릴 문제가 아니다. 이는 그리스도교의

---

* 영국의 성서학자 존 로빈슨이 한 말이다.

핵심이다. 이 사실을 받아들이지 못하는 사람은 그리스도 신자가 아니다.

"무한한 사랑이라는 말은 무한히 가난하고, 무한히 겸허하며, 무한히 의존하는 것을 뜻한다."[*]

어버이와 자녀는 어느 편이 더 많이 상대방에게 의존할까? 어버이가 자녀들에게 더 의존하는 것일까? 자녀가 어버이에게 더 의존하는 것일까? 물론 자녀들은 권위, 교육, 금전 등 일상에서는 부모에게 의존한다. 그러나 부모는 사랑에서는 자녀들에게 의존한다. 어느 차원이 더 높은 것일까? 자녀들의 미래는 어떻게 될까? 그들은 어버이에게서 자유로워진다. 그러면 어버이의 미래는 어떻게 될까? 지금과 변함없이 그 자녀와 그 손자들을 위해 존재한다.

하느님과 우리가 맺는 관계도 이와 같다. 우리는 일상(은총, 용서 등)에서는 하느님에게 의존한다. 그러나 사랑이라는 면에서는 하느님이 우리에게 의존하신다. 즉 우리가 하느님을 사랑하는 것보다 훨씬 더 하느님이 우리를 사랑하시는 것이다. 십자가에 매달리신 하느님을 보라! 하느님은 거기에 그렇게 계신다. 다른 사

---

[*] 프랑스의 수학자이자 사제인 피에르 바리뇽이 한 말이다.

람들에게 지배당하시고, 자유를 빼앗기시고, 포박당하시고 굴복당하셨다. 그런데 당신을 보라. 떠나가 버리는 자, 자기가 하고 싶은 일을 하는 자, 완전히 자유다. 덜 사랑하는 자가 항상 강한 법이다.

하느님은 우리가 하느님을 필요로 하는 것보다 더 많이 우리를 필요로 하신다. 하느님에게 우리는 모든 것이다. 하느님은 우리 없이는 아무 의미도 없다.

해석 여하에 따라서는 교리 문답책에 있는 "하느님은 영광을 받기 위해 세상을 창조하셨다."라는 말처럼 비그리스도교적인 것은 없다. 이 말이 사실이라면 하느님은 모든 영광을 당신에게 돌리도록 강요하는 무한한 이기주의자가 된다. 그러나 실제로 하느님의 영광은 사랑하는 데 있다. 하느님은 당신이 얼마나 우리를 사랑하시는지, 우리 안에서 함께 고통을 받으면서도 우리에게 얼마나 희망을 걸고 있는지 보여 주기 위해 세상을 창조하셨다.

또 이냐시오 성인의 《영신 수련》에는 "사람은 하느님을 찬미하고 하느님을 사랑하며 하느님께 봉사함으로써 자기 영혼을 완전하게 하기 위해 창조되었다."라는 말이 있다. 자신이 찬양받기 위해, 자신이 봉사받기 위해 자녀를 가지는 어버이를 상상할 수 있겠는가? 만일 자녀가 당신을 찬양하고 당신에게 봉사해야 한다고 생각한다면, 당신은 틀림없이 뜻대로 되지 않는 경험을 하게 될 것이다.

당신이 자녀를 가지는 이유는 당신을 사랑하고 당신에게 봉사하는 것이 아니라, 그들이 어버이가 되어 다른 사람을 사랑하고 다른 사람에게 봉사할 수 있게 되기를 원하기 때문일 것이다. 자녀가 그렇게 되었을 때, 당신은 역할을 다하고 부모의 지위를 물려준다. 만일 당신이 자녀를 당신을 위해서만 양육했다면 어버이라고 할 수 없다. 자녀들이 당신의 어버이, 당신의 은인이 될 것이다. 그러나 자녀를 잘 양육했다면 그들이 자기 차례가 되어 부모의 역할을 받아들이게 된다. 그리고 당신은 무한히 어버이로서의 역할을 계속 수행해 간다. 인간도 이러한데 하느님이 그러한 점에서 우리보다 부족한 어버이라 생각할 수 있겠는가? 왜 사랑의 하느님을 고대의 신으로 환원시켜 폭군으로 만들고, 명예를 부당하게 취하는 이로 만드는가?

하느님은 당신이 넘치도록 베풀어 주신 사랑과 봉사를 인간들이 자신의 차례가 왔을 때 이웃에게 나눌 수 있게 되기를 바라면서 인간을 창조하셨다. 인간이 어버이가 되고, 사랑이 되며, 하느님이 되기를 원하신다. 하느님은 당신의 사랑이 점차로 퍼져 나가, 이 세상의 땅 끝까지 이르기를 바라면서 세상을 창조하셨다.

만일 당신 안에 계시는 하느님이 당신 자신 이상으로 이웃을 사랑한다면, 하느님은 당신을 통해서 현신하는 것이다. 아버지의 기쁨은 아버지 자신이 완전히 그 자녀들에게 받아들여져, 하느님의 사랑으로 서로 사랑하게 되는 데 있다.

자녀로서 어버이를 사랑한다는 것은 일부러 아버지의 이름을 부르고, 다른 형제들과는 다른 방법으로 사랑해야 하며, 특별한 방법으로 사랑을 표현해야만 한다고 믿을지 모른다. 이는 믿음이 깊다고 하는 사람들이 늘 빠지기 쉬운 문제다. 이러한 생각은 두 가지 계명의 조화를 잘못 본 행위다. 어떻게 하느님이 자기가 가르친 사랑을 그분에게 돌려주는 것만으로 만족하시리라 생각할 수 있단 말인가?

우리가 하느님의 일만을 생각하는 것이 아버지의 아들다운 것일까, 아니면 하느님이 우리 마음속에 주신 사랑의 가르침을 전파하기 위해 몸을 바치는 것이 아버지의 아들다운 것일까? 아버지의 사랑은 하느님이 하신 것처럼 이웃을 사랑하는 것으로써 완전히 표명되는 것이 아닐까? 하느님을 올바로 사랑하려면 다른 사람을 사랑하기를 그만두어야 한다는 말은 어찌 된 것인가.

"누가 '나는 하느님을 사랑한다.' 하면서 자기 형제를 미워하면, 그는 거짓말쟁이입니다. 눈에 보이는 자기 형제를 사랑하지 않는 사람이 보이지 않는 하느님을 사랑할 수는 없습니다."
(1요한 4,20)

반대로 형제를 진심으로 사랑하면서 하느님을 미워하는 일이 실제로 있을 수 있을까? 하느님을 사랑하는 일에는 착각이 있을 수 있지만 형제를 사랑하는 일은 실제로 증명할 수 있다. 그러므로 그리스도교에서는 자기 형제에게 사랑을 나타내는 것이 아버지에게 사랑을 보이는 것보다 선행되어야 한다.

"네가 제단에 예물을 바치려고 하다가, 거기에서 형제가 너에게 원망을 품고 있는 것이 생각나거든, 예물을 거기 제단 앞에 놓아두고 물러가 먼저 그 형제와 화해하여라."(마태 5,23-24)

당신은 당신 자신이 되어 가는 것만큼밖엔 하느님을 알지 못한다. 당신은 아버지가 되어야 비로소 하느님을 알게 된다. 당신은 사랑을 해야 사랑을 알 수 있다. 사랑은 사랑받기 위해 있는 것이 아니라 사랑하기 위해 있는 것이다. 당신이 다른 사람을 사랑하게 되었을 때 느끼는 그 감정에 경탄하게 될 때에야 비로소 하느님이 항상 당신을 사랑했던 황홀함을 알게 된다.

"내가 하느님이라는 말의 의미를 이해할 수 있었던 것은 내가 아빠가 되었을 때였다."[*]

어떤 의미에서는 하느님을 사랑할 필요가 없다고 할 수 있다. 하느님의 현존으로서 삶을 살아가면 된다. 사랑을 사랑한다는 것은 모순적인 일이다. 하느님은 당신의 사랑의 대상이 아니라 당신의 사랑을 추진시키는 능력이시다. 하느님은 인간들의 사랑을 쟁취하려는 경쟁 상대가 아니라 사랑의 본질 자체다. 하느님은 여러 피조물의 하나가 되기를 원하지 않으신다. 하느님은 모든 것이며, 전 존재이시며, 인성을 갖춘 성사(외부에서 인식할 수 있는 표지)를 통하여 사랑을 나타내신다. 당신은 하느님을 위해 사랑 이상의 것을 해야 한다. 즉 하느님을 자기 안에 육화시켜, 하느님을 통해 자신을 신성하게 하고, 자신 안에 계시는 하느님이 다른 사람들을 사랑하도록 해야 한다. 하느님이란 당신이 살아가는 생명 자체이며 당신이 다른 사람들을 사랑하는 그 사랑 자체다. 그것은 당신 안에서 당신을 꿰뚫고 흐르는 흐름이며, 당신을 다른 사람에게 불어 가도록 하는 질풍이다.

---

[*] 오노레 드 발자크, 《고리오 영감 Le Père Goriot》 중에서.

"주님, 당신은 당신을 위해 우리를 창조하셨습니다. 그러므로 우리 마음은 당신 안에 쉴 때까지 불안합니다."라는 아우구스티노 성인의 문장은 과연 얼마만큼 그리스도교적인 것일까?

"우리는 항상 당신을 위한 것을 생각하도록 자라 왔습니다. 당신과 함께 있어야만 행복합니다. 당신이 계시는 우리 집만큼 좋은 곳은 없습니다."라고 자식들이 말하도록 하는 어버이를, 사위나 며느리가 그 장인이나 시아버지를 어떻게 생각할 것인가?

어떠한 일이든 신성한 기도와 하느님을 예배하는 일에 우선해서는 안 된다는 베네딕토 성인의 계율은 과연 얼마만큼 그리스도교적인 것일까? 이것은 하느님을 마치 흡혈귀로 만들어 버리는 것과 같다. 그리스도교는 하느님을 예배하지 않는다. 사람에게 봉사하는 일은 무엇이든 하느님을 예배하는 것보다 우선해야 한다.

"먼저 그 형제와 화해하여라. 그런 다음에 돌아와서 예물을 바쳐라."(마태 5,24)

"너희는 가서 '내가 바라는 것은 희생 제물이 아니라 자비다.' 하신 말씀이 무슨 뜻인지 배워라."(마태 9,13)

"우리는 형제들을 사랑하기 때문에 우리가 이미 죽음에서 생

명으로 건너갔다는 것을 압니다. 사랑하지 않는 자는 죽음 안에 그대로 머물러 있습니다."(1요한 3,14)

다행히도 시간경을 바치는 것이 중심인 베네딕토 수도회에서도 기도를 하는 동안에 진료소에서 일하는 수사는 병자와 함께 있다. 문지기는 방문객을 환영하고, 요리사는 취사장에 있다. 그런데 우리는 그리스도교 정신을 표현하는 데 그리스-로마적인 형식밖에는 지니지 못한 것 같다. 그리고 이 새로운 술은 발효되어 낡은 부대를 찢어 놓는다.

그리스도는 다음과 같이 선언하셨다. "이제 예루살렘에서 하던 예배, 시체 없이 장례 치르는 일은 끝났다. 이제는 영적인 예배, 성령과 진리로써 하는 예배가 그 예배를 대신하게 될 것이다. 성전은 파괴되고 살아 있는 돌에 의해 세워진 그리스도의 몸이 이를 대치할 것이다."

그러나 이러한 모든 것은 글자로만 남아 있다. 우리는 무수히 성전을 세우고, 횟수를 헤아릴 수 없을 정도로 '예배'를 행한다. 그리스도는 "이 성전을 허물어라. 그러면 내가 사흘 안에 다시 세우겠다."(요한 2,19)라고 말씀하셨기 때문에 죽임을 당하셨다. 그분은 당신의 '몸'이라는 성전을 말씀하셨던 것이다. 바오로 사도는 끝까지 지성소나 율법에 반대되는 가르침을 설파했다. 심지어 성전을 거슬러 가르쳤다는 이유로 성전에서 체포되었다. 또 스테파노 성인은 뭐라고 했던가? "하느님께서는 사람의 손으로 지은 집에는 살지 않으십니다."라고 말했다. 그는 마지막까지 자신에게 돌을 던지는 사람들을 위해 기도하고서는 순교하였다.

슬프게도 자신이 신심 깊다고 생각하는 사람들은, 그 시대나 오늘날이나 마찬가지로 그러한 말들이 모두 하느님에 대한 모독이며 불경이라 생각하고 있다. 스테파노 성인은 지성소와 율법을 공격했다. 그러나 오늘날 교육을 받은 가톨릭 신자의 고백 내용은 거의 한결같이 "주일 미사를 궐했습니다."라는 것이라든가, 단식재, 금육재 등 음식에 대한 자제나, 혹은 지켜야 할 축일, 바쳐야 할 기도를 궐한 것 등등이다. 신자들 거의 대부분이 오직 '예배'에 관한 고백뿐이다.

그리스도가 오늘날에 계셨다 해도 역시 죽임을 당하셨을 것이다. 표현 방식은 현대적일지라도 그리스도는 그 시대의 사람들에게 말한 것과 똑같은 말을 오늘날에도 하셔야 하기 때문이다. 아마 그리스도가 하신 가장 혁신적인 말씀은 "안식일이 사람을 위하여 생긴 것이지, 사람이 안식일을 위하여 생긴 것은 아니다."(마르 2,27)라는 발언일 것이다. 만일 지금 성당에 가서 이러한 말을 한다고 생각해 보아라.

"하느님은 언제나 사람에게 봉사하고자 하신다. 사람은 언제나 하느님에게 봉사하지는 않는다."

"미사는 사람들에게 도움을 주기 위한 것이지 사람이 미사를 드리기 위해 있는 것이 아니다."

"일요일은 사람을 위해 있는 것이지 사람이 일요일을 위해 있는 것이 아니다."

"교회는 사람을 위해 있는 것이지 하느님을 위해 있는 것이 아니다. 교회는 사람의 집이지 하느님의 집이 아니다. 사제는 하느님이 아니라 사람에게 봉사하기 위해 있다."

"당신은 하느님에 대해서 아무런 의무도 없다. 그러나 자신에 대한 의무가 있다. 그것은 하느님이 당신에게 충분히 봉사하실 수 있도록 자신을 개방해야 하는 의무다. 당신이 하느님의 사랑으로 충분히 자라도록 해야 한다. 그리하여 하느님이 당신 자신을 빵으로 나누어 주신 것처럼 당신도 기쁨에 넘쳐 자기의 빵을 이웃과 함께 나눌 수 있게 되어야 한다."

이렇게 말한다면 아마 당신은 교회에서 쫓겨날지도 모른다. 그러나 그것이 혁명적일지라도 당신은 하느님의 세계를 바르게 전해야 한다. 또한 사람들을 해방시키는 새로운 것이라도 바르게 전해야 기쁜 소식이 될 수 있다. 그리스도가 일으키셨던 사건을 이 세상에 일으키지 않고 어떻게 그분에게 충실하다 할 수 있겠는가?

요약해 보자.

:: 미사

미사는 무슨 일이 있더라도 참례해야 하는 것은 아니다. 누가 교회를 이렇게 만들어 놓았는가. "매주 한 시간 나를 무조건 방문해라. 네가 말을 하든 잠자코 있든, 음식을 먹든 밥그릇만 바라보고 가만히 앉아 있든 그건 문제가 되지 않는다. 아무래도 상관없다. 만일 나를 만나러 오지 않으면 죽여 버리겠다."라고 협박하는 심술궂은 계모처럼 만들어 놓았는가. 교회 자체가 그가 가르치는 하느님과 닮아서 그렇게 되었을까?

그렇지 않다. 우리는 의무라서 주일 미사에 나가는 것은 아니다. 다만 정신적인 양식을 얻어야 하기 때문에 미사에 참례하는 것이다. 우리에게 꼭 필요한 정신적인 양식을 주기 위해 미사가 있는 것이므로 꼭 참례해야 할 의무를 발견하는 것이다.

"나는 주일 미사에는 절대로 빠지지 않습니다."라고 말하는 사람이 있다면 미안하지만, 사랑을 알 수 있는 기회를 상실한 것이다. 사랑은 자유와 놀라움 속에서만 자라기 때문이다. 미사에 참례하는 일을 의무를 수행한다고만 생각하는 한 당신은 하느님이 끝까지 당신에게 봉사하신다는 기쁜 계시를 결코 받지 못할 것이다. 또 당신은 결코 종과 같은 하느님의 겸허한 모습 앞에 감동하지도 못할 것이다.

그리스도는 아버지에게서 배우신 사랑하고 봉사하는 것을 모두 당신에게 가르쳐 주시고는, 최후의 만찬 때와 마찬가지로 당신을 친구로 삼아 주신다.

당신은 주일 미사에서 하느님의 벗이 되고 있는가? 혹은 의무로서 '하느님에게 경의를 표하러 가는 것'뿐인가?

우리는 하느님에게 봉사하기 위해 성체를 영하러 가는 것이 아니다. 하느님은 빵을 나누면서 당신 자신을 알게 하셨다. 그러므로 우리는 하느님이 알려 주신 대로 빵을 나누는 법을 우리 사이에서 재현하며 우리의 빵을 나누는 법을 배우는 것이다.

고해성사를 하면서 하느님이 우리 죄를 용서해 주시는 방법을 배우며 하느님만이 우리 안에서 우리를 통하여 용서하심을 알게 된다. 그리고 기도를 하면서 당신은 하느님이 당신의 내부에 부어 주시는 온갖 사랑, 연민, 동정, 고통 중에 있는 사람들과 연결되는 마음 등을 자신 안에서 샘솟게 할 수 있다. 하느님만이 이 세상을 구원하시기 위해 이 세상에 당신의 아들을 보내실 정도로 이 세상을 사랑하실 수 있다. 기도는 하느님이 인간에게 내려 주시는 지극한 사랑을 하느님에게 배우는 것이다.

:: 교회

유다인들은 그들의 신전을 '하느님의 집'이라 부른다. 당신이 유다인의 신전에 가 본 일이 있는지는 모르겠으나, 지성소는 하느님만 살고 계시므로 아주 작게 만들어져 있다. 가까이 가기에 합당치도 못한 대중은 거기에서 멀리 떨어져 있어야 한다. 또 하느님은 그 지위에 걸맞게 매주 사치스럽게 예우禮遇를 받는다. 신전은 마을 중앙에 세워져 있으므로, 하느님은 확실히 은총과 보호를 그 마을 전체에 베풀 것이다.

그러나 그리스도교의 교회는, '하느님의 집'이라는 것과는 거리가 멀다. 그것은 사람들의 집이며, 기도의 집이고, 신자들의 모임이다. 하느님의 거처는 유일하다. 즉 그것은 당신이다. 유일한 성스러운 장소는 인간이다.

교회를 하느님의 집이라 부른다면 당신은 인간을 모독하는 것이 된다. 사람이나 물건을 하느님을 위해 사용하기로 정하는 것, 이는 신성함을 특정한 장소나 사람에게 집중시키는 것이며 당신은 그것을 비그리스도교적인 것으로 만든 셈이 된다. 만일 하느님이 정말로 벽돌을 쌓아 올린 집에 살고 계시다면, 사람은 다 헐어 버린 신전이 되어 버렸음을 뜻한다. "지극히 높으신 분께서는 사람의 손으로 지은 집에는 살지 않으십니다."(사도 7,48)라고 공언했기 때문에, 그리스도는 죽임을 당했고, 스테파노 성인은 돌로 쳐 죽임을 당했으며, 사도들은 박해를 당했다.

우리는 초대 교회의 신자들이 신전과 우상에서 해방되어, 인간의 신성성을 옹호한 그 자신만만한 목소리에 귀 기울여야 한다.

> "여러분이 하느님의 성전이고 하느님의 영께서 여러분 안에 계시다는 사실을 여러분은 모릅니까? 누구든지 하느님의 성전을 파괴하면 하느님께서도 그자를 파멸시키실 것입니다. 하느님의 성전은 거룩하기 때문입니다. 여러분이 바로 하느님의 성전입니다."(1코린 3,16-17)

또 성체를 과도하게 예배하면 우리 교회를 다른 종교의 신전으로 만들기 쉽다. 그리스도가 즐겨 사시는 집이 성체라면, 인간은 그리스도가 사시는 집의 자격을 상실한 것이 된다. 성체는 인간에게 도움이 되기 위해 있는 것이지, 인간이 성체에게 도움을 주기 위해 있는 것은 아니다. 성체는 하느님이 인간 안에 거하시는 것이 유일한 바람임을 나타내는 것이다. 그러므로 성체는 사람에게 바쳐지기 위해 사용되어야 한다. 그러나 우리는 그것을 인간의 품위를 떨어뜨리는 데 사용해 버렸다.

주교는 건물을 축성하는 데 시간을 소비한다. 일단 하느님 이외의 다른 목적으로 사용해서 더럽혀진 것을 다시 축성하는 것은 말할 것도 없고, 교회나 제단까지도 축성한다. 그러나 실제로 유일한 지성소는 인간이다. 신자들이 현존한다는 그것만이 하느님을 우리 교회에 현존시키는 일이다. 우리가 말하는 교회라는 개념은 다른 많은 것과 마찬가지로 다시 모든 것이 비그리스도교적인 것이 되어 버리고 말았다. 우리는 그리스도의 혁명을 완전히 변질시켜 버렸다. 다른 종교인들이 신전을 세운 것과 똑같은 정신으로 교회를 세운다. 교회는 자존심과 재산과 낭비의 기념물이다. 그 누가 막대한 비용을 써서, 일주일에 몇 시간밖에 사용하지 않을 건물을 짓겠는가? 그것을 상상할 수 있겠는가?

교회는 사람들에게 봉사해야 하며, 가난하지 않으면 안 된다. 로빈슨이 지적했듯이 타인에게 봉사하는 자의 첫 번째 특징은 자신의 집에 살지 않는다. 그리스도는 가난했다. 최후의 만찬 때 방이 필요했기에 예수님은 방을 빌렸다. 그런데도 우리는 아직도 중세기의 교회 같은 훌륭한 건물을 짓는다. 그 무렵 교회는 실제로 사람들의 집이었다. 집회소였으며 시장이었고, 박물관, 극장, 음악회장이었다. 그리고 가난한 사람들에게는 쉴 곳이 되기도 했다. 어느 나라에서는 20세기 초엽까지도 가난한 사람들은 교회의 저녁 기도를 대중을 위한 환대라 생각하고 있었다.

오늘날에는 그것이 완전히 바뀌고 말았다. 지금은 거의 모든 사람이 교회에서 편한 느낌을 받거나 편한 자세로 있지 못한다. 아주 일부 사람들만이 교회에 출입한다. 오늘날 어떤 도시나 지역의 중심에 교회를 세운다는 것은 단순히 현실적으로 교회가 차지하는 역할을 넘은 일이다. 교회는 이미 관심의 중심이 아니며, 우리의 제국주의적 사고방식은 사람들에게 불쾌한 느낌만 줄 뿐이기 때문이다.

교회를 세우기 전에 그 지역 사람들의 의향을 묻고, 사람들이 진정으로 필요로 하는 것이 무엇인지, 어떠한 조건을 충족시켜야 우리가 사람들의 집을 실제로 공급해 줄 수 있는지를 찾아내야 한다. 이런 식으로 말이다.

"수영장, 농구장, 영화관, 소모임 장소, 젊은이를 위한 동아리 방 등이 필요합니까? 알았습니다. 우리 그리스도인에게는 매주 두세 시간 회합을 할 수 있는 방만 있으면 됩니다. 그러니 그 방을 공동으로 사용하면 어떻겠습니까?"

그렇게 되면 다시금 교회는 사람들에게 봉사하게 되고 죄인이나 어린이들을 당신 옆에 가까이 오도록 하신 그리스도의 사랑과 착한 성사, 즉 눈에 보이는 표지가 될 것이다. 교회는 세상의 빈곤을 모욕하는 자가 되지 않을 것이며, 진정으로 다시금 그리스도교적인 것이 될 것이다. 그리고 그때에 사람들에게 진정한 그리스도인이 될 수 있는 기회가 찾아올 것이다.

현재 교회는 사람들에게 봉사하는 기관이라고 공언하고 있지만, 실제로는 예산의 90퍼센트를 내부 행정에 소모하고 있다. 만일 다른 사회 복지 사업 기관이 그와 같은 방법으로 운영되어, 전체 금액을 거의 직원 월급으로 쓰고, 일주일에 몇 시간 사용하려고 호화로운 건물을 세우기 위해 사용된다고 할 때, 과연 사람들은 뭐라고 말하겠는가?

교회에 재산과 권력이 있을 때, 그것은 예수 그리스도의 모습을 실제와는 다른 것으로 만들어 버린다. 그분은 가난한 이로 이 세상에 오셨는데 교회는 그 사실을 부끄럽게 생각하고, 그리스도에게 제우스처럼 만물을 지배하는 성질을 부여했으며, 콘스탄티누스 황제가 사용하던 황제의 색깔인 자색을 사용하여 그분에게 권위를 가지도록 하고 있다. 예수 그리스도는 스스로 가난한 이로 태어나시어 우리에게 가난한 사람들을 사랑하고 도울 것을 가르치셨는데, 우리는 예수 그리스도를 가난한 사람들에게서 **빼앗**아다가 부유한 자로 만들고 있다.

:: 사제

다른 종교의 사제는 그들의 신에게 봉사하려고 몸을 바쳤다. 그러나 예수 그리스도는 우리로 하여금 사람들을 위한 봉사에 헌신하게 하신다. 하느님은 자신을 위해서는 아무것도 남기지 않으셨고, 당신에게 몸을 바치겠다고 한 사람들을 다른 사람들에게 보내시어, 인간에게 자유와 존엄성이 있다는 기쁜 소식을 전하게 하신다. 다른 종교의 사제는 중개자로서 일련의 복잡한 절충을 통하여 사람을 신과, 그리고 신을 사람과 연결시키기 위해 분주히 일했다. 그러나 그리스도교의 사제에게 가장 중요한 것은, 하느님은 태초부터 인간을 사랑하고 계시며, 이미 육신을 취하시어 우리 사이에, 우리 마음에서 생활하신다는 사실을 계시하는 일이다.

우리 그리스도인은 사제들 앞에서 향을 피우고, 그들을 가장 높은 자리에 앉혀 놓고, 그들에게 봉사하며 아주 예의 바르게 대접하고 있다. 그러나 사제가 명예롭게 되려면 자기의 일을 해야 한다. 즉 모든 사람을 섬기는 사람이 되어야 한다. 사제는 예수 그리스도의 '대리자'다. 그러나 대리자는 우리 사이에 주님을 재현시키는 자가 되어야 한다. 그 대리자를 통해 표현되는 그리스도의 현존은 어디까지나 겸허하고 가난하며 친절하고 우정이 깊어야만 한다. 그렇지 않으면 진정으로 그리스도가 현존하신다고 말할 수 없다.

어떻게 하면 그리스도를 우리 사이에 현존하시게 할 수 있을까? 우리는 악착같이 권위의 상징인 자색, 왕관, 향, 제의, 등불 같은 것을 끌고 나온다. 그렇게 해서 우리가 현존시키는 것은 우상에 불과하다. 그런데 미사에서 보이는 그리스도의 모습은 어떠한가? 놀랍게도 그분은 앞치마를 두르고 우리의 발을 씻기시고, 자신은 서 있으면서 우리는 식탁에 앉히고 우리에게 봉사하신다. 그리스도를 이런 모습으로 현존하게 하면 우리는 세상 사람들을 놀라게 하는 것일까?

디트리히 본회퍼는 이렇게 말한다. "봉사하는 하느님만이, 괴로워하시는 하느님만이 인간을 구원할 수 있다."

괴로운 상황에 마주하면 인간은 항상 자신에게 부족한 것을 메우고, 자신의 소원을 들어줄 하느님을 원한다. 자신이 가난하기 때문에 인간은 부유한 하느님을 상상하고 그것을 구한다. 자신이 약하기 때문에 하느님은 강해야만 했다. 자기가 고통을 겪고 있으므로 하느님은 고통을 받지 않는 분이어야 하며, 평안하고 무정하며 불변해야 했다. 자신은 타인에게 의존하면서도 고독하기 때문에 하느님만은 타인에게 의존하지 않는 자로 상상한다.

이와 같은 사고방식은 인간을 영원히 최악의 야망을 가진 이, 끊임없이 희생하는 이로 만든다. 만일 사람이 하느님이 된다면, 그는 부자이고 힘이 세며, 권력과 위엄과 공포의 대상이 되어 봉사를 받고 남에게 의존하지 않으며, 손상되는 일 없는 존재, 즉 악마 같은 자가 되고 말 것이다.

그러나 그리스도교의 계시는 겸허하고 온유하며, 가난하고 자비에 넘친 하느님의 계시를 통해서 인간을 자유롭게 해 주고 구원을 가져다준다. 이 계시는 이렇게 전한다.

"여러분에게 기쁜 소식이 있습니다. 이 세상에 선언하는 복음이 있습니다. 여러분은 하느님처럼 되기 위해서, 또 하느님이 되기 위해서 부자가 되거나 권력자가 되거나, 현명하고 예의 바르거나 위엄 같은 것들을 가질 필요가 없습니다. 지금보다 좀 더 사람들을 사랑하고, 좀 더 사람들에게 봉사하면 됩니다. 스스로가 가장 낮은 이가 되고, 모든 사람의 봉사자가 됨으로써 지금 이대로 하느님이 될 수 있는 것입니다."

교회라는 건물 안에서보다는 생활 안에서 훨씬 더 신성한 것을 많이 발견할 수 있다. 그러므로 당신이 행하는 가장 평범한 행위야말로 가장 신성한 행위다. 교회 건물에서 나올 때, 언제 어디서나 감사하는 진정한 의미의 교회로 들어가는 것이다. 진정한 미사는 당신 집에서 행해진다. 당신이 음식을 나누어 먹거나 남을 용서할 때, 언제나 그곳은 바로 성사, 즉 하느님의 은총을 외부에서 볼 수 있는 표지가 된다. 하느님에게 봉사하는 것이 가끔 행해지는 두세 번의 예식에 참례하면 끝난다는 생각을 갖지 말아야 한다. 당신은 전 세계 어디에서나 하느님이 행하시는 사랑, 나눔, 용서 등의 행위를 되풀이해 하느님의 계시를 영속시키도록 부르심받았다. 이 사실을 깨달아야 한다. 그렇게 할 때 우리는 하느님의 영광, '십자가상의 죽음에 이르기까지' 사랑하신 그 영광을 알게 될 것이다.

언제나 우리에게
말씀을 걸어 주시는 하느님

*La prière
d'un femme moderne*

"말씀이 사람이 되시어
저희 가운데 계시나이다."(삼종 기도)

하느님은 우리가 하느님을 생각하고 기도하고
그분이 말씀하시는 것을 듣기 위해
귀를 기울이길 기다리고 계신다.

기도하는 시간은 하느님이 당신 안에 육화되는 때이며, 하느님이 사랑의 숨결을 불어넣어 주시는 때이며, 당신을 완전히 하느님과 닮도록 해 주시는 때다. 또 자신이 변하는 것을 보고, 하느님이 어떠한 분이신지를 아는 때다.

기도는 하느님이 당신을 '말씀'에 나타난 하느님의 모습으로 조각하는 수단이다. 다시 한번 말하지만 기도는 하느님에게 말씀드리는 것이 아니라, 하느님이 우리에게 하시는 말씀을 듣는 것이다. 따라서 기도하는 것을 배운다는 것은 귀를 기울여 듣는 것을 배우는 것이다.

어떻게 귀를 기울이고 들어야 하는지 아는 사람은 매우 적다. 하느님과 사람의 대화는 거의 서로 어긋난 독백을 하는 것에 불과하다. 솔로몬이 지혜를 달라고 청했을 때 하느님은 다른 사람의 말을 듣는 마음을 부여하셨다. 당신은 다른 사람의 말을 경청하는 사람인가? 다른 사람보다 더 많이 말하는 입을 가진 사람인가? 과연 몇 사람이나 배우자의 말에, 어버이 중에 몇 사람이나 자녀의 말에, 자녀 중에 몇 사람이나 어버이의 말에 귀를 기울이고 있을까? 또 누가 하느님의 말씀에 귀를 기울이고 있을까?

나는 많은 그리스도인이 낙담해서 하는 소리를 들었다.

"나 참, 기가 막혀서. 기도를 하면 언제나 나 혼자만 말해. 하느님은 대답이 없어."

"너희는 기도할 때에 다른 민족 사람들처럼 빈말을 되풀이하지 마라. 그들은 말을 많이 해야 들어 주시는 줄로 생각한다."
(마태 6,7)

그리스도는 이렇게 말씀하셨다. 우리는 하느님의 '말씀' 없이는 결코 기도할 수 없다. 그리고 '주님의 기도'나 '성모송' 같은 기도는 하느님의 말씀이다. 우리는 그 기도를 통해 하느님이 우리에게 말씀하시는 바를 들을 수 있을 정도로 긴 시간 동안 조용히 그러한 기도들을 되풀이해야 할 것이다.

우리가 자연스럽게 기도할 때는 무슨 말이든지 하기 시작한다. 무슨 말을 하기 시작했는지도 모른다. 그러나 진정으로 하느님이 말씀하신 것에 귀를 기울이고 있노라면, '당신이 원하지 않는 곳'(요한 21,18 참조)에 인도된다. 다만 하느님의 말씀을 경청하기 위해서는 하느님이 부여해 주시는 섬세한 감지력이 필요하다.

"성령께서도 나약한 우리를 도와주십니다. 우리는 올바른 방식으로 기도할 줄 모르지만, 성령께서 몸소 말로 다 할 수 없이 탄식하시며 우리를 대신하여 간구해 주십니다."(로마 8,26)

:: 그리스도는 무엇이 우리에게 유익한지를 아버지가 우리 자신보다 더 잘 알고 계신다고 말씀하셨다.

"마음속까지 살펴보시는 분께서는 이러한 성령의 생각이 무엇인지 아십니다."(로마 8,27)

:: 하느님은 사람의 마음을 꿰뚫어 보신다. 그리고 우리가 진정으로 구하는 것이 무엇인지를 최후에 가서 알도록 가르치시고 인도하신다. 자기가 진정으로 구하는 것이 무엇인지 알기는 쉬운 일이 아니다. 그것이 처음에 말하려 했던 것, 자기가 본래 원하던 것임을 깨달으려면 아주 근본적인 문제로 파고들어 가야 한다.

"성령께서 하느님의 뜻에 따라 성도들을 위하여 간구하시기 때문입니다."(로마 8,27)

:: 이는 성령이 구하시는 것, 성령이 우리에게 권고하여 구하게 하는 것, 그것이 하느님이 주시고자 원하시는 것이라는 의미다.

"하느님의 영의 인도를 받는 이들은 모두 하느님의 자녀입니다."(로마 8,14)

:: 성령의 감도를 받지 않고는 기도할 수 없다. 성령의 인도하심에 따라 기도하지 않는다면, 우리는 하느님의 자녀가 아니며 상속자도 아니다. 그리고 우리의 기도도 들어지지 않는다.

"이 성령의 힘으로 우리가 '아빠! 아버지!' 하고 외치는 것입니다."(로마 8,15)

:: 우리가 진정으로 "아버지!" 하고 부르려면 '주님의 기도'의 첫 구절을 외울 때 성신의 감도를 받아 성자의 마음을 품어야 한다. 말씀에 귀 기울이고 말씀을 되풀이하는 사람에게는 최초로 그 말씀을 한 사람과 똑같은 은총이 필요한 것이다. 영감을 받아 쓰인 서적은 살아 있는 성령의 인도하심이 있어야 이해할 수 있다. 그렇지 않으면 공허한 글, 진정한 의미를 상실한 글로 변해 버릴 것이다. 성서를 쓰도록 유도한 그 똑같은 성령은 성서의 말씀이 우리에게 말을 걸도록 끊임없이 그 말에 새로운 생명과 의미를 불어넣고 계신다.

같은 말을 경청하는 것과 입으로 말하는 것에는 두 가지 방법이 있다. 우선 그것을 인간의 말, 즉 우리의 말로써 할 수 있다. 자기 바람을 생각하면서 "아버지의 뜻이 이루어지소서."라고 말하는 일이 있을 수 있다. 혹은 어떻게 말해야 할지 가르쳐 주실 때도 있다.

"이 성령께서 몸소, 우리가 하느님의 자녀임을 우리의 영에게 증언해 주십니다."(로마 8,16)

우리가 하느님의 자녀라는 것. 바꾸어 말하자면, 우리는 반항하는 자도 아니며 고아도 아니다. 또 아버지에게서 해방되어 야생에서 사는 사람도 아니다. 자신을 흔들어 일깨워 "아버지!" 하고 부르는 소리가 우리 마음속에서 용솟음친다는 것을 성령이 증거해 주신다. 성령의 인도하심에 따라 기도하는 것을 배우는 일은 독자적인 공부이며 예술이다. 생각건대, 자기가 하는 일의 의미라든가 그 훌륭함 등을 알지 못하고, 생각하려고도 하지 않는 얕은 생각들은 우리의 죄다.

"아버지, 저들을 용서해 주십시오. 저들은 자기들이 무슨 일을

하는지 모릅니다."(루카 23,34)

이 말씀은 우리를 변호하는 말도 되지만 비난이기도 하다. 특히 계시의 은총, 성령의 빛을 받았다고 주장하는 사람들에게는 비난인 것이다. 어느 시인은 "인생은 노래로 불리지 않으면 안 된다."라고 말했다. 인간은 제 인생의 의미, 사물의 아름다움, 다른 살아 있는 것들이 존재한다는 것, 인생의 풍요로움, 충분히 사랑받고 존경받는다면 맛볼 수 있는 이러한 일들을 눈앞에 드러내고 싶어 한다. 시, 음악, 예술이라는 것들이 없다면 인생은 단순히 공리적이며 견딜 수 없는 것이 될 것이다. 오늘날 시인과 작곡가는 그러한 필요를 충족시키기 위해 그들이 할 수 있는 일을 하고 있다. 즉 그들의 노래는 우리의 목적인 진실한 삶을 표현하지만 불투명한 데가 있다. 거기에는 그들의 향수와 절망이 섞여 있다. 그러므로 "인생을 살아가려면 기도를 해야 한다."라고 말하는 편이 더 진실일 것이다. 기도하지 않았다면 우리는 결코 하느님의 계시, 놀라움, 은총을 알지 못했을 것이다. 또한 하느님이 얼마나 훌륭하신지도 알지 못했을 것이다.

하느님은 모든 피조물 안에 계시듯이 우리 안에도 계신다. 우리가 하느님에 대해 생각하고 기도하고 그분이 말씀하시는 것을 듣기 위해 귀를 기울이기를 기다리고 계신다. 우리가 그렇게 함으로써 하느님은 우리 안에서 성장하신다. 하느님이 우리 안에 계시기 때문에 우리는 자신의 인생을 노래하고 또한 기도해야 할 것이다. 인생의 영원한 면을 인식할 수 있도록, 평범한 일상생활에 온갖 사랑을 쏟을 수 있도록 말이다.

옛날 군대에는 시인, 가수, 사제, 트루바두르*, 드루이드교의 신관, 역사 기록자 등이 있었다. 얼핏 보면 아무런 쓸모가 없어 보이지만 실제로는 누구도 대체할 수 없는 중요한 역할을 수행하고 있었다. 군인들에게 규칙적으로 그 업적의 위대함을 깨우쳐 주는 역할이었다. 자신들이 위대한 업적을 쌓고 있음을 노래하지 않는다면 병사들은 있는 힘을 다해 싸울 수 없었다. 긍지, 열의, 용기, 자기들이 하고 있는 일의 의미를 자각하지 못하기 때문이었다.

기도는 우리의 행위를 하느님과 관계를 갖고 생각하게 해 준다. 기도는 우리의 행위를 예수 그리스도와 관계를 갖고 생각하게 해 준다. 즉 기도를 통해 우리의 행위는 사랑과 자유, 이 세상을 변화시켜 가는 희망의 크나큰 흐름과 연결되는 것이다. 그러

---

* 11~12세기에 활발히 활동했던 남프랑스의 음유 시인이다.

나 이렇게 말하는 사람들이 있을 것이다.

"하느님이 하시는 말씀을 들으려면 어떻게 해야 할까요? 당신은 하느님이 우리에게 말씀하신다 했고, 또 하느님의 기쁨은 우리 안에 계시면서 그분을 우리에게 알리는 일이라 했지요. 그러나 우리에게는 하느님이 하시는 말씀이 들리지 않습니다. 우리는 기도하기 힘듭니다. 잠시 동안 조용히 생각을 하고 있으면 그저 '정말 피곤하구나.' 하는 생각만 들 뿐입니다. 들리는 것은 침묵의 소리뿐이고 느껴지는 것은 쓸쓸함뿐입니다."

하느님이 당신을 사랑하신다고 믿는다면 어찌하여 아직도 그분이 당신에게 말을 걸지 않는다고 생각할 수 있단 말인가? 사랑한다는 것은 말을 거는 것이다. 하느님이 당신을 사랑하신다면 하느님은 당신에게 말씀하실 것이다. 계시의 사실이 하느님의 목적을 명시해 주고 있다. 만일 하느님이 직접 나에게 말씀하실 것이라고 가르쳐 주신다면 나는 이미 하느님이 무엇을 말씀하시고자 하는지 안다. 물론 하느님이 나를 사랑하신다는 사실이다. 마찬가지로, 하느님이 나를 사랑하신다는 것을 확신하면 하느님이 나에게 말씀하신다는 것을 알게 된다.

하느님이 2천 년 전에 우리에게 말씀하셨다는 사실, 그리고 그 후로 최후의 사도가 죽음으로써 하느님의 계시의 '기탁寄託'이 완료됐기 때문에 하느님이 계속 침묵을 지키신다고 믿으면 안 된다. 만일 현재 하느님이 우리에게 말씀해 주시지 않는다면 그전에도 아무 말씀 안 하셨을 것이다. 하느님이 현재 우리를 사랑하시지 않는다면, 하느님은 아무도 사랑하신 일이 없으셨을 것이기 때문이다.

당신은 어찌하여 하느님이 오늘날 당신에게 말씀하시고, 당신을 사랑한다고 믿는가? 다른 사람들이 그렇게 말하고, 그 사람들이 다른 사람들에게 그렇게 말하고 많은 사람들이 그렇게 말하기 때문인가? 그럼 만일 누가 도중에서 말을 지어내어 거짓말을 했거나, 진실을 이해하지 못했다면 어떻게 되겠는가? 있을 수 있는 일이다. 그렇게 되면 당신은 누구를 믿고, 어떻게 하느님에게 도달하겠는가?

당신은 성령이, 그리스도가 언제나 우리에게 말씀하신 것을 되풀이해서 들려주고, 또 그 말씀에 관한 깊은 이해를 우리에게 전달하기 때문에 믿는 것이 아닌가!

하느님은 수도원에 있는 선택된 소수의 주요한 인재나, 보도 기관에 있는 소수의 전문가 등에게 말씀하신다고 생각해서는 안 된다. 만일 하느님이 당신에게 말씀하시지 않으면 다른 누구에게도 말씀하시지 않는다. 그렇지만 하느님이 당신에게 말씀하신다는 것을 믿는 것만으로는 부족하다. 그것을 체험해야 한다. 신앙은 체험을 기반으로 하고 있다. 하느님을 체험하지 않고 어떻게 믿겠는가?

예수님이 토마스 사도에게 말씀하신 "보지 않고도 믿는 사람은 행복하다."(요한 20,29)라는 말이 잘못 해석되었기 때문에 너무나도 많은 그리스도 신자들이 혼란스럽게 되었다. 그들은 그 구절이 마치 적게 보고 믿어야 공로가 크다고 해석했고, 최대한 보지 않고 믿도록 하는 권유라고 생각했다. 이런 생각은 개념을 혼란시켜 믿음을 옅게 하는 통로를 만들고 있다.

본 일도 없는데 믿는다는 것은 정직하지 못하다. 7세의 여자아이가 신심 깊은 부모에게 이렇게 물어봤다.

"어떻게 예수님을 믿을 수 있어요? 난 그 사람을 모르는데."

얼마나 똑똑한 말인가! 내가 당신이 알지 못하는 사람에 대해 이야기하고 그 사람을 칭찬한 후 "그럼 당신은 그를 믿겠습니까?" 하고 물었다고 하자. 극단적인 신앙주의자* 가 아닌 이상 당신은 "그 사람을 알아야 믿지요." 하고 대답할 것이다. 그리고 몇 개월 혹은 몇 년 동안 그 사람과 교제하고, 함께 일해 보고, 관찰

---

* 신앙만이 지식의 기초라 주장하는 사람이다.

한 후에야 비로소 나에게 와서 "그래요, 나는 그를 알았습니다. 그러니 믿겠습니다." 하고 말할 것이다. 이는 "그 사람이 어떤 사람인지 알았기 때문에 내가 모르는 일이 생겼더라도 그 사람의 말을 사실이라고 받아들일 수 있다."라는 의미다.

확실히 이것이 바로 토마스 사도가 해야 할 일이었다. 그는 그리스도를 잘 알고 있었다. 그리스도 옆에서 오랫동안 생활했으며, 그 생활은 자기가 하고 싶었던 일, 아주 행복하고, 아주 좋으며, 아주 놀랄 만한 일임을 알았다. 그것은 이미 믿을 수 있을 만큼 모든 것을 다 본 후의 일이다. 신앙은 체험을 바탕으로 하고 있다. 그런데도 그리스도인은 대부분 자신들이 신앙을 가지고 있기 때문에 스스로 체험하려 하지 않는다. 타인의 신앙을 믿는 셈이다. 그렇게 되면 사람들을 믿는 것이지 하느님을 믿는 것은 아니다. 그들은 하느님에 대해 남의 말을 듣고 그것만을 믿기 때문에, 하느님 자체를 믿는 것이 아니다. 아주 많은 그리스도인들이 자기의 부모나, 자기 본당의 주임 신부, 자기 종교 등을 믿는다. 그리하여 그들은 하느님을 더 잘 알려고 노력하지 않는다.

"하지만 타인을 통해서만 하느님을 알 수 있지 않아요?" 하고 당신은 반문할지 모른다.

맞다. 그러나 타인을 통해서 알게 된 것이 진정한 하느님이신지 아닌지 판단하는 것은 당신의 몫이다. 당신은 하느님을 안다고 말할 수 있는가? 하느님은 당신에게 말씀을 하시는가? 당신은 하느님이 말을 걸어왔던 체험을 했는가? 하느님이 하신 말씀을 들었던 체험이 없다면, 하느님이 당신에게 말을 건다는 것을 믿을 자격이 없다. 하느님이 말씀하신 것을 자신이 직접 들은 일이 있어야만 하느님이 언제나 말을 걸어온다는 것을 안다. 하느님이 말씀하시는 것을 듣지 못했다면 그것은 당신이 귀를 기울이지 않았음을 의미한다. 그리고 언제든 하느님의 말씀을 들었으면, 당신이 하느님의 말씀을 들을 수 있다면, 누구나가 들을 수 있도록 기쁜 소식을 모든 사람에게 전해 주어야 한다.

 그리스도인은 하느님이 말씀하신다는 사실을 증거하는 사람들이다. 이것이야말로 그리스도인의 정의定義다. 그들은 하느님에게 부르심받은 자, 하느님에게 말씀을 받은 자로서, 그리스도를 믿고 언제나 기쁘게 투쟁하며, 예언적인 사명을 띤 사람들이다. 하느님의 언행을 본받겠다는 열망을 하느님에게 받은 사람이며 정의와 자비를 행하고 이웃들이 좋아하는 삶을 사는 사람이다. 또 하느님이 가난한 사람, 겸손한 사람, 약한 사람, 박해받는 사람을 좋아한다는 것을 배운 사람들이다. 이처럼 하느님이 좋아하시는 것을 알았다면 그것은 당신에게 아주 귀중한 경험이 된다. 그 밖의 다른 것을 얻으려고 생각하지 않게 된다. 이것은 얼마나 황홀한 체험인가!

만일 당신이 자신의 인생, 살면서 마주하는 여러 가지 사정들, 전개되는 어떤 사건들, 이 책을 우연히 읽게 되었든가 어느 순간에 그리스도교를 떠나기는 했지만 지금은 다시 돌아와 신앙생활을 하게 되었다든가 하는 것을 보면 자신의 인생에서 하느님이 부르고 계신다든지, 하느님이 우리에게 얼마나 충실한지, 하느님의 계획은 무엇인지 알 수 없을까? 이것이 바로 하느님이 끊임없이 하시는 말씀이다. 그리스도인들이 그것을 다른 사람들에게 이해시키기는 아주 어렵다. 더군다나 그들은 이 세상에 파견되어 "나를 보내신 분은 아버지십니다. 나는 나 스스로 아무것도 할 수 없습니다. 내 안에서 일하시는 분은 내 안에 계시는 아버지십니다. 이제 나는 내가 사는 것이 아니라 그리스도가 내 안에 사시는 것입니다. 내 약한 곳에서 그분의 강함이 드러납니다."라고 말해야 한다.

하느님이 말씀하실 때 사람들은 그 음성을 듣고, "그분처럼 말하는 사람은 지금까지 하나도 없었습니다."(요한 7,46)라고 말했다. 그리고 그들은 평안함을 느끼고 강해지며 깨끗해진 것을 느꼈다. 그들은 단 한 번도 경험해 보지 못했던 것을 체험한다. 자신이 그처럼 훌륭하다고 생각하지는 않지만, 이제 솔직히 이 사실을 받아들여 즐길 수 있다. 왜냐하면 그들에게 그들 자신을 보여 주신 분은 그들 자신까지도 받아들일 수 있도록 해 주시기 때문이다.

이 갑작스러운 깨달음이라는 광명은 결점보다 그 이상의 것을 보여 주시므로 우리를 낙담시키는 일이 없다. 그것은 우리에게 빛이 나는 사랑을 볼 수 있도록 해 주며, 우리에게 사랑에 넘친 하느님의 따스함을 담뿍 받고 있음을 느낄 수 있도록 해 준다.

때로는 진실로 신심 깊은 사람이, 혹은 우연히 생기는 사건을 겪으며 하느님을 모르는 사람까지도 갑자기 하느님을 인정하게 되는 경우가 있다. 그들은 갑자기 "하느님은 계시다!" 하고 말하게 된다. 왜 그럴까? 그것은 하느님이 철학적 개념이 아니라, 우리가 경험한 적 없는 그런 방법으로 말씀해 오시는 분이기 때문이다. 그래서 우리는 자기 마음에 어떠한 장소가 있음을 안다. 즉 자기 가슴에 어떤 일을 느끼는 곳이 있음을 안다. 하느님은 우리 안에, 우리 자신도 도달하지 못하는 곳에서 우리에게 말씀하신다. 그것은 아주 깊은 곳이며 하느님 자신이 당신 자신을 나타내시는 장소를 만들지 않으면 안 될 곳이다. 하느님이 당신 자신이 그곳에 있다고 선언하실 때까지는 우리 자신도, 우리 안에 그런 곳이 있는지조차 몰랐던 내면이다. 그래서 예수님은 이렇게 말씀하신 것이다.

"하느님에게서 난 이는 하느님의 말씀을 듣는다. 그러므로 너희가 그 말씀을 듣지 않는 것은, 너희가 하느님에게서 나지 않았기 때문이다."(요한 8,47)
"내 양들은 내 목소리를 알아듣는다. 나는 그들을 알고 그들은 나를 따른다."(요한 10,27)

하느님은 언제나 모든 사람에게 말씀하신다. 하느님의 말씀이 닿지 않는 곳에 있는 자는 한 사람도 없다. 만일 내가 당신에게, 어떻게 하느님이 말씀하시는지, 그리고 어떻게 하느님의 말씀을 경청하면 좋은지에 대해서 무엇인가 좋은 생각을 줄 수 있다면, 당신은 하느님으로부터 이미 많은 말씀을 들었다는 사실을 알게 될 것이다.

성도로 있기 위해서 당신은 정신을 차리고 하느님에게 받는 표지를 기쁘게 맞아들여 그것을 자주 생각하기만 하면 된다. 그러나 우리는 표지를 받을 때는 조금도 그것에 주의하지 않거나, 그 표지를 즉시 잊어버리고 만다. 타인은 누구든 당신을 하느님과 만나게 할 수 없다. 하느님이 당신에게 말씀해 주신다는 것을 상기시켜 줄 수 있을 뿐이다. 그다음은 당신 손에 달렸다. 우리 한 사람 한 사람이 스스로 책임을 지고 있는 것이다.

자신의 삶을
복음에 비추어 본다는 것

*la prière
d'un homme moderne*

"나를 따르는 이는 어둠 속을 걷지 않고
생명의 빛을 얻을 것이다."(요한 8,12)

하느님은 그리스도를 통해 '말씀'으로써 말씀하시고,
또 우리의 인생을 통해서도 말씀하신다.

하느님은 '말씀'을 통하여 우리에게 말씀하시고, 또 우리 인생에서 일어나는 사건들을 통해서도 우리에게 말씀하신다. 이것은 섭리주의자가 생각하는 것처럼, 하느님이 우리 인생에서 일어나는 사건들을 보내신다는 말은 아니다. 왜냐하면 하느님은 세계를 지배하시는 군주도 아니며, 만인의 감시 역할을 하시는 분도 아니기 때문이다. 또 우리는 자유로운 존재이기 때문이다. 다만 우리가 하는 모든 일은 그것이 죄일지라도 하느님의 은총, 초대, 부르심을 알아차릴 기회가 된다.

기도한다는 것은 하느님이 성서를 통해 우리에게 하시는 말씀에 주의 깊게 귀를 기울이는 것이며, 우리가 생활에서 행하는 일들에 관해 하느님이 암시해 주시는 바를 듣는 것이기도 하다.

그리스도인은 인생에 의미가 있음을 믿어야 하며 또 사랑한다는 희망을 잃지 않는 한 모든 일, 죄까지도 자기에게 유익한 것임을 믿어야 한다. 반드시 자신이 그 뜻을 알지 못해도 좋다. 왜냐하면 하느님의 메시지는 판독하기 곤란하므로 그것을 해독할 기술은 항상 최신의 것이어야만 하기 때문이다. 우리는 하느님에게서 온 메시지에 주의를 기울이고 면밀하게 음미하며, 그것이 진실한 것인지 아닌지를 항상 확인해야 한다. 우리는 하느님의 메시지가 존재함을 신중하게 확신하면서 그 의미도 신중하게 해석해야 한다. 그리고 기도는 내가 그런 의미를 갖고 신앙 안에서 살아가며, 하느님의 메시지를 판독하려고 노력하는 것이다. 그것은 또 우리 마음의 여러 가지 움직임 중에서 어느 것이 하느님에게서 온 것인지를 식별하는 기회이며 하느님에게서 온 것과 그렇지 않은 것을 가려내는 기회다.

성경의 문구나 사건에 나타난 하느님의 말씀에는, 두 가지 점에서 인간의 어리석은 태도가 드러난다. 하나는 "다 알고 있어. 뻔하지 뭐. 나는 부름을 받고 있어. 하느님은 나에게 말씀하셨지."라는 태도다. 이렇게 느꼈다면 재빨리 정신을 차려야 한다. 이는 경솔하게 사물을 믿어 버리는 성질을 가졌다는 표시로서, 즉시 변하기 쉽고 또 견해를 달리하면 완고하다는 것을 의미한다. 성지 가지를 흔들며 열광했던 군중들은 진정 그리스도가 수

난하신 금요일에 잔인한 폭도로 변했다. 따라서 당신이 어느 일에 이것은 하느님에게서 온 것이라는 증거를 얻었다면, 다음 순간에는 결국 그것이 하느님에게서 온 것이 아니었다는 증거를 얻을 위험이 있음을 뜻한다.

또 하나는 "그 말씀을 하나도 이해할 수 없어. 전혀 무의미한 일이야. 모든 것이 나에겐 불리해. 내 인생은 엉망이야. 내가 뭘 잘못했기에 이렇게 당해야 하지?"라는 태도다. 이 두 가지 태도에는 깊은 연관성이 있다. 일반적으로 회의주의와 염세주의는 좋지 않다고 생각한다. 그러나 회의주의도 환멸을 느낀 신자보다 낫고, 염세주의일지라도 꿈을 상실한 낙관주의보다는 낫다.

이 두 가지 태도의 중간에 우리가 취해야 할 유일하고도 현명한 진로가 있다. 그것은 예수님이 사흘간이나 행방불명이 되었을 때 성모님이 취한 길이다. 성모님은 예수님이 왜 그렇게 했는지는 잘 알지 못했다. 그러나 이 모든 일을 마음속에 간직하였다(루카 2,51 참조). 누구에게나 이것을 응용할 수 있는 힘을 불어넣어 주는 루카 복음사가의 설명이다. 아들이 '왜 그렇게 자신들을 애태웠는지' 이상하게 생각하면서 사흘씩이나 찾아 헤매다가, 나흘째 되던 날 마리아와 요셉은 성전에서 예수님을 발견했다. 그러나 그들은 이유를 알지 못했다. 우리도 이상하게 생각하는 일이 사흘 동안 계속될지 모르고, 혹은 3년이 될지도 모른다. 걱정할 필요는 없다. 신앙생활은 그런 것이다.

신앙은 '이해하는 것'이 아니라 '이해하려는 것'이다. 신앙은 "알았다, 그것은 이런 의미다."라고 선언하는 것이 아니라, "그것에는 의미가 있으리라 생각한다."라고 자기에게 타이르는 것이다. 어떠한 의미가 있는지 우리는 성급한 판단을 내리지 않는다. 그것은 스스로 겪은 경험을 통해 사물이 지니는 의미는 나중에 가서야만 알게 된다는 점을 배웠기 때문이다. 예수님은 베드로에게 "내가 하는 일을 네가 지금은 알지 못하지만 나중에는 깨닫게 될 것이다."(요한 13,7)라고 말씀하셨다.

나는 마리아가 다음과 같이 말한 대목이 제일 마음에 든다. 마리아와 요셉은 '놀랐다'. 우리와 마찬가지로 마리아도 놀라고 아연실색했다. 자기 인생이 하느님의 이 말씀 때문에 완전히 혼란에 빠지게 되었으나 마리아는 '이 모든 일을 마음속에 간직했다'. 우리도 마리아가 한 것처럼 모든 것을 마음속에 간직해 두기만 하면 좋을 것이다. "정말 무서운 일이다."라든가, "정말 근사한 일이다."라고도 하지 않고, 판단하기를 미루고 인내하고 기다리며 여러 가지 일을 통해 그 뜻을 확인한 후에 다음과 같이 말해보자.

"그것에는 의미가 있다. 설령 지금 그것이 무엇인지는 알 수 없지만, 나는 경험이 쌓이면 나중에 자연스럽게 알게 된다는 사실을 믿는다. 그러므로 이 일도 때가 되면 명확히 알게 될 것이라는 충분한 근거를 가지고 있다. 처음에 엉킨 일도 나중에는 이해되고 그 진정한 의미를 인식할 수 있게 되기 때문에, 현재 불확실한 일도 언젠가는 뚜렷이 알게 될 것임에 틀림없다."

신앙에는 밝음이 있기 때문에 어둠 또한 받아들일 수 있다. 신앙에는 확실성이 있기 때문에, 우리는 그에 관한 의문에도 견딜 수가 있다. 신앙인은 그가 믿는 대상을 잘 알고 있으므로 그분을 위해 참고 견디는 것이 정당화되고 있음도 안다. 그러나 그렇다고 신앙인에게 그와 같이 의문을 견디고 참기만 하라는 것이 아니며, 그 대상에 대한 이해를 단념하라는 것도 아니다. 왜냐하면 신비는 내 앞에서 나아가지 못하게 하는 벽 같은 것이 아니라, 깊이깊이 잠겨 들어가는 바다 같은 것이기 때문이다. 하느님은 우리의 신앙을 시험하기 위해 '신비'를 계시하지는 않았다. 우리가 아무리 먹어도 없어지지 않는 양식으로 '진리'를 계시하셨다. 그리고 복음서가 우리 인생을 판독하는 데 도움이 되는 것은 바로 그것이 그와 같은 양식인 '진리'의 계시이기 때문이다.

복음서란 무엇인가? 그것은 우리가 생활하는 것과 똑같이 기쁨에 가득 차 있었고, 사람의 눈에 띄지 않는 평범한 일생을 보낸 사람들이 훗날에 자기들의 체험을 회상하고 기록한 이야기다. 그들은 하느님과 함께 생활하고, 하느님과 함께 음식을 먹고, 하느님을 보고, 하느님이 하시는 말씀을 듣고, 하느님과 대화하며 하느님과 함께 일했다. 그랬음에도 그들의 내부에 있는 그 무엇인가가 하느님을 인식하는 것을 방해했다. 진정으로 그분은 누구인가, 진심으로 그분이 하느님이라는 사실을 알고, 그 사실을 기뻐하기를 방해하는 것이 있었던 것이다. 나중에 가서 그들은 이 사실을 회상하고, 자신들의 귀에 하느님의 말씀을 되살리고, 스스로가 하느님이 행하신 행위를 되풀이함으로써 자기 자신을 하느님 앞에 되돌아가게 한 후에야 비로소 자신들에게 무슨 일이 일어났는지를 서서히 알기 시작했다. 그 인식은 아주 명확했다.

그 뒤로 그들은 악착같이 자신들이 흘려보낸 인생으로 되돌아오고, 그것을 다시 체험하며, 그에 관해서 종교적인 판독을 시도했다. 그들은 자신들의 인생을 하느님에 대한 신앙에 기인하여 판독하고, 그전에 자신들이 알지 못하고 지내 온 일들의 의미를 이해하고 놀랐다.

우리 또한 하느님과 함께 식사하고 움직이며 일하고 있다. 우리는 사도들과 똑같이 그 황홀한 일들을, 사도들과 똑같이 인지

하지 못하는 사이에 체험하고 있다. 그러나 그들의 경험이 던져 주는 빛은 우리의 경험을 비추어 준다. 이를 통해 그 의미를 명백히 할 수 있다.

성서를 주석하는 사람들은 학구적인 업적을 보여 주지만, 우리는 신성한 저자들이 가지는 역사적인 성격 때문에 더욱더 머리가 혼란스러워진다. 그들은 내용이 원형 그대로라고 주장하지만, 우리에게는 추가된 내용이 많다고 느껴진다. 그러므로 우리는 그리스도를 후세의 우리에게 전해 준 중재자들을 통해서는 진정한 의미의 그리스도에 도달할 수 없다고 여기며 체념한다. 이 사실은 얼핏 보면 우리를 그리스도에게서 멀어지게 하는 듯하지만, 나는 그렇게 생각하지 않는다. 오히려 그것이 나를 더욱 긴밀하게 그리스도와 연결시켜 주는 것 같다. 나는 사건을 단순히 역사적으로 기록한 것보다는 오히려 복음서의 저자들이 신감神感을 받고 행한 명상 속에서 경험한 사실이 더 친근하게 느껴진다. 이미 경험을 해서 깨달았기 때문이다. 그 사건들이 복잡하고 어둡지만 진심으로 기도할 때 그 안에 담긴 의미가 명확하게 깨달아진다는 사실을 말이다.

그리스도의 말씀을 들었어도 그것을 이해하지 못했을 때와, 실제로 그리스도의 말씀을 들을 수 없게 된 후 전에 들었던 말씀을 이해하게 되었을 때, 사도들은 어느 편이 보다 그리스도와 가까운 것일까? 그들이 자신들의 경험(또한 우리의 경험)을 우리에게 소개하는 데 가장 적절한 시기는 언제였을까? 오늘날에 일어나는 일에서도 똑같이 빛을 던져 주어 밝게 빛나도록 하지 않는다면 2천 년 전에 일어난 일이 나에게 무슨 흥미를 주겠는가?

나는 고고학자가 아니다. 복음서가 사실성이 없다면 나의 흥미를 끌지 못한다. 나는 나의 인생을 복음서에 비춰 보기도 하지만, 또한 복음서를 나의 인생에 비춰서 읽기도 한다. 나는 복음서의 저자들과 직접 친교하며 그들의 경험을 공유하고 있다. 사도들이 나에게 말해 주는 것은 나 자신의 경험을 보다 명확하게 이해하는 데 도움이 되고, 나 자신의 경험은 그들의 증언을 이해하는 데 도움이 된다. 복음서가 나에 대해서 말하고 있으므로 정열을 기울여 읽을수록 재미가 있다. 이 말에 놀랐는가? 그렇다면 무엇인가 흥미를 끄는 것은 거기에 공감하기 때문이 아닌가 하고 자신에게 잠깐 물어보라.

성서는 우리 인생에서 일어나는 일에 관한 계시다. 이것을 성서 해석의 기본 원리로 삼도록 힘쓰자. 성서에서 말한 것들은 모두가 당신의 인생에서 일어나는 일들이며, 당신의 인생에서 일어나는 일은 모두가 성서 안에서 예언되고 체험되어 있다.

만일 거기에 기록된 사건이 당신의 경험에 비추어 보아 이상하다고 여겨지면 그때는 조심해야 한다. 성서를 읽는 방법이 옳지 못하다는 뜻이다. 복음서에 나오는 '불가사의한 것'은 신앙의 적이다. 신앙은 자기 인생의 의미를 읽는 것이기 때문이다. 그러한 불가사의한 것은 천사나 악마, 기적, 그리고 하느님이 현재와 다른 방법으로 그 시대에 당신을 드러내셨다고 생각하는 일들이다. 또 예수님은 현재 우리에게 당신 자신을 나타내시는 것과는 다른 모습으로 그 당시의 사람들에게 스스로를 드러내셨다고 생각하는 모든 것들이다.

하느님이나 예수님이 옛날에 하셨던 일이 현재 하시는 일과 다르다고 생각한다면, 당신의 인생은 가치 없는 허망한 것이 되고 말 것이다. 그렇게 되면 하느님은 당신에게 한낱 책 속에 계신 분일 뿐, 당신의 인생 안에 계시는 분이 아니게 된다. 그리고 하느님이 당신의 인생에 계시지 않다면, 그분은 당신이 기도할 때 결코 나타나시지 않을 것이다. 왜냐하면 기도한다는 것은 당신의 생활 속에서 하느님의 현존, 부르심, 계획 등에 주의를 기울이는 것이기 때문이다.

물론 복음서와 성전聖傳이 없다면, 나는 나의 경험에만 의존할 테고 그리스도를 믿는 데 주저할 것이다. 복음서나 성전은 나의 체험을 되풀이해서 말해 주는 것 이상의 역할을 한다. 나의 체험을 확인시켜 주고, 많은 증인을 통해서 그 체험을 증명해 준다. 그러나 만일 인생을 살아가며 복음서에서 말하는 것을 인정할 수 없다면 나는 복음서를 믿지 않을 것이다. 그리스도는 매일 우리와 함께 살아 계신다. 그분은 우리를 고아처럼 내버려 두시지 않는다. 그분은 말씀하시고, 고쳐 주시고, 용서해 주시며, 변모하시고, 빵을 많게 하시며, 출현하시고, 부활하신다. 이 모두가 현재 일어나는 일상적인 일들이다. 이러한 것들을 이해하지 못하고는 복음서를 믿는다 해도 아무 소용이 없다.

몇 가지 예를 들어 보자.

먼저 천사의 알림, 성모 영보에 관해 함께 생각해 보자. 당신은 천사의 알림을 믿는가? 지금 당장 대답할 필요는 없다. 이 문제 자체가 중요하진 않다. 사실 당신에게 질문하고 싶은 것은 이것이다. 당신이 천사의 알림을 받은 경험이 있는지, 만일 그런 경험이 있다면 최근에 받은 알림은 무엇인지 말이다. 천사의 알림이란 사람에게 부여된 사명에 대한 알림이다. 따라서 당신에게 부여된 사명, 예를 들면 당신의 직업, 가정, 결혼, 어버이로서의 역할, 대인 관계, 본당에서의 일 등에 관해 받은 알림을 말해 보자. 당신은 하느님에게 부르심받은 적이 있었는가? 어떻게 해서 받앉는가? 몇 번이나?

답하기 힘들다면 좀 더 구체적으로 물어보려 한다. "당신은 천사를 본 적이 있는가? 몇 번 천사를 만났는가? 당신이 최근에 천사를 만난 것은 언제인가?" 나는 당신에게 천사를 믿느냐, 아니냐를 묻는 것이 아니다(만일 당신이 믿는다면 아마 옛날이야기 속의 예쁜 천사를 믿는 것일지 모른다). 천사에 관한 당신의 경험을 묻는 것이다. 천사란 무엇인가? 단순히 하느님의 사자, 즉 하느님에게서 사명이나 빛 등을 가져다주는 자를 말한다. 이러한 의미에서 우리 인생에는 많은 천사가 있다.

그러나 우리는 착각을 하고 있다. 천사를 날개 달린 존재로만 생각하는 것이다. 종교 교육은 전부터 지금까지 있던 천사에게서 날개를 없애 버려야 한다. 그리하여 우리가 하루빨리 진정한 천사를 인식할 수 있도록 도움을 줄 의무가 있다. 만일 정말로 날개를 가진 천사의 존재를 믿는다면, 두 가지 점에서 문제가 생기기 때문이다.

첫째, 결코 천사를 보게 되는 일이 없을 것이다(만일 천사를 보았다면 즉시 가까운 병원을 찾아가야 한다). 그리고 그리스도의 후계자로 사는 인생이 아니라, 종교와는 관계없는 인생을 살게 될 것이다. 하느님이 나타나시지도 않고, 결코 말을 걸어오시는 일도 없는 인생을 말이다. 2천 년 전에 일어난 일에 대한 '신앙'의 인생, 즉 성스러운 것이 가까이에 있었던 근사한 시대에 대한 향수만 지닌 인생을 살 것이다. 게다가 자기가 해야 할 일은 하지 않고 '신심 깊은 사고'를 하는 사람들이 흔히 하듯이 의심스러운 모든 것들을 바라기만 하면서 허송세월하는 인생을 살아갈 것이다. 발현, 출현. 성인들에게 나타났다고 하는 십자가의 성흔이라든가 '예언'이 일어나기를 바라거나 '특별한 은총'을 받으려 한다든가, 또 어떻게도 할 수 없는 상태에서 벗어날 확실한 방법이 있다고 믿기만 하면서 말이다.

둘째, 자신이 천사를 보지 못하는 것은 하느님 탓이라 생각할 것이다. 자신은 편안히 앉아 있으면서 천사를 보기만을 원한다. 만일 하느님이 천사를 보내 주기만 한다면 자신의 삶은 지금과는 달리 정말 황홀한 생이 될 것이라 생각한다. 옛날에는 하느님이 도처에 천사를 파견하셨다. 그런데 왜 오늘날에는 천사를 파견하는 것에 그렇게도 인색하신가, 라는 의문을 품으면서 말이다.

우리는 기도할 때 항상 그와 똑같은 잘못을 범한다. 즉 우리 자신의 신앙상의 중용은 하느님의 책임이라 생각하며 하느님에게 그 방법을 바꾸어 달라고 청원한다. 그러나 바뀌어야 할 것은 하느님이 아니라 우리 자신이다. 만일 하느님이 스스로 사람의 눈

앞에 출현하기를 원하신다면, 그것은 하느님이 변한(바뀐) 것을 뜻하며, 우리에게 보이도록 자신을 변형하셨음을 뜻한다. 따라서 그것은 우리가 할 일이 아니다. 우리는 그저 자신의 처지에서 만족할 만한 계시를 기다리면 된다. 그러나 실제로 계시는 항상 참된 기도를 통해서만 그 의미를 깨우쳐 알 수 있으며 또 그런 차원에서 기대해야 한다.

신약 성서의 천사는 날개가 없다. 그들은 희고 긴 옷, 즉 그 시대 그 지방에서 보통 입던 의복을 입고 있다. 그것은 바로 오늘날의 천사는 블라우스에 스커트, 와이셔츠에 바지, 때로는 사제복까지도 입고 있음을 뜻한다. 그래서 하고자 하는 질문은 다음과 같다.

"만일 마리아가 천사를 보았다면 천사를 어떻게 식별했을까? 어떻게 해서 그가 천사인 것을 알았을까?"

(루카 복음사가는 마리아가 천사를 보았다는 것에 관해 많은 말을 하지 않았다는 사실에 주의하자. 그는 다만 마리아가 우리와 똑같이 하느님이 보내신 소식, 사명, 부르심을 받았다고 말했을 뿐이다.)

가능한 대답은 단 하나다. 그 사건이 대단히 주의를 끌었을 것이라는 점이다. 즉 우리가 살면서 천사를 만났을 때 느끼는 것과 똑같은 방법으로 마리아는 천사를 식별했을 것이다. 어떤 생각,

어느 사람과의 만남, 어느 사건이 하느님에게서 온 것일 때, 우리는 어떻게 그것을 식별하는가? 그것은 우리가 인생을 살아가며 가끔 직면해야만 했던 문제이며, 또 마리아가 스스로 해결해야만 했던 것과 똑같은 문제다.

마리아는 어떻게 했던가? 우리가 그렇게 했을 법한 일, 그렇게 하길 지향하는 일을 했다. 먼저 그녀는 그 사자에게 좋은 인상을 받았다. 누군가가 좋은 인상, 특히 종교상으로 감명을 주었을 때 우리는 거기에서 다시 두 가지 잘못된 행동을 할 가능성이 있다. 하나는 좋은 인상을 받은 즉시 믿어 버리는 것이다. 특히 신심이 깊고 경건하다고 하는 사람들인 경우에는 조심해야 한다. 종교상으로 감명받았을 때 즉시 믿어 버리면 착오가 생기게 되고 깊이 생각하지 않은 채 쉽게 믿음을 갖게 된다. 다른 하나는 즉시 그 감명을 거절하는 것이다. 그렇다면 어떻게 할 것인가? 뛰어난 식견을 사용하라. 초자연적인 일일수록 뛰어난 식견이나 정확한 판단이 필요하다. 종교상의 부르심, 혹은 감명을 받았을 경우, 참을성 있게 신중히 그것을 검토하고, 또한 그것이 진실이라는 것을 여러 가지 사실을 통하여 확인해야 한다.

마리아는 분별 있는 처녀였다. 그녀는 천사의 인사를 듣고, 그것이 무엇을 뜻하는지 이상하게 생각했다. 그러고는 "어떻게 그런 일이 있을 수 있겠습니까?"(루카 1,34) 하고 물었다. 그녀는 질문하고 곰곰이 생각하면서 그 심상치 않은 사명 전체의 의미를 깨우쳐 알았다. 물론 그러기 위해 시간이 걸렸을 것이다. 하느님에게서 부르심을 받는 데는 시간이 걸린다. 단 2분 만에 결정한 일은 자칫하면 2분밖엔 지속되지 않는다. 루카 복음사가는 마리아가 몇 주, 몇 개월이 걸렸을지도 모르는 일을 극적으로 불과 몇 시간 내에 간결하게 요약했을 것이다. 그는 나중에 "마리아와 요셉은 예수님이 한 말을 알아듣지 못하였다. 그의 어머니는 이 모든 일을 마음속에 간직하였다."(루카 2,50-51 참조)라고 기록했다.

이것은 마리아의 정신생활의 비밀을 푸는 열쇠다. 즉 그녀의 생애에서 가장 중요한 순간에도 그녀는 아마 똑같은 과정을 거쳤을 것이다. 그리고 실제로 루카 복음사가는 "마리아는 몹시 놀랐다. 그리고 이 인사말이 무슨 뜻인가 하고 곰곰이 생각하였다."(루카 1,29)라고 말하고 있다.

마리아는 그 후에 다시 성서를 읽어 보았다. 마니피캇은 그녀가 늘 자기 생애에 일어난 일들을 예언자들의 말에 비추어 이해하려고 했다는 것을 우리에게 시사해 준다. 그녀는 하느님과 그 백성이 친교할 때 항상 똑같은 방법을 취하신다는 사실을 예언자들에게 배웠다. 즉 하느님은 나이 많은 이나 강자나 위인보다도,

젊고 약하고 평범한 사람을 택하신다는 사실, 하느님이 특별한 사명을 위해 아들을 원하실 때는 아이를 갖지 못하는 여인을 택하신다는 사실을 알고 있었다. 그렇다면 하느님이 마리아를 택하셨다는 사실은 그렇게 부당한 일이 아니었을 것이다. 만일 하느님이 특별히 비천한 자를 택하신다면, 아마도 그녀(마리아)야말로 진정 하느님이 필요로 하시는 사람이었을지도 모른다.

마침내 그녀는 경험 있는 사람에게 의논하러 갔다. 당신도 하느님의 부르심을 받았을 경우, 그녀와 똑같은 경험을 한 적이 있었을 것이다. 마리아는 자기가 그 중대한 사명을 받기에는 너무나도 나이가 어리다고 생각했다. 그와 마찬가지로 사촌 언니 엘리사벳도 너무나 나이가 많아 적합하지 않은데 자기와 똑같이 놀랍고 충격적인 그 은총을 경험했다는 말을 들었다. 그럼 엘리사벳은 나이가 많은데도 임신했음을 알았을 때 어떻게 했는가?

"엘리사벳은 다섯 달 동안 숨어 지냈다."(루카 1,24 참조)

바꾸어 말하자면 엘리사벳은 그런 어려운 사명에 직면하여 다른 사람과 접촉을 피하고 자신에게 생각할 여유를 주었다고 할 수 있다. 마리아에게는 엘리사벳에게 일어난 사건이 하나의 신호였으며 확증이었고, 자기 몸에 일어난 일을 이해할 수 있는 실마리였다. 그래서 복음서는 마리아가 이미 비밀을 자기 마음속에만 간직할 수가 없게 되어 사촌 언니에게로 걸음을 재촉하여 찾아갔다고 기록하고 있다.

신앙의 굳셈을 확인받은 두 여성은 만나자마자 서로를 이해했다. 두 여성은 서로의 비밀을 말하고 자기들의 경험을 비교했다. 그래서 엘리사벳은 다음과 같이 말하여 마리아의 마음을 진정시켜 주었다.

"당신처럼 믿을 수 있다니 얼마나 훌륭합니까! 나는 나이도 많고 경험도 많지만 다섯 달 동안 얼마나 혼란에 빠져 있었는지 몰라요. 그래서 그 이야기를 아무와도 하고 싶지 않아서 사람들을 피했지요. 하지만 점차 정신을 차리고 그 사실을 받아들여, 그것이 은총이며 축복이라는 것을 이해했어요. 그리고 지금은 말할 수 없이 행복하고 긍지도 느끼고 있습니다. 하지만 마리아, 당신의 아기는 나의 기쁨보다 훨씬 더 큰 기쁨의 원천이 될 것입니다. 당신은 그렇게 믿었으니 정말 복된 사람이에요. 당신의 신앙은 내 신앙보다 훨씬 훌륭해요. 당신은 나보다 천 배나 훌륭한 사람이에요."

그러자 이번에는 마리아가 마니피캇으로 대답했다. 그것은 천사에게 알림을 받은 직후가 아니었다. 그 당시는 너무나도 큰 충격을 받아 그런 일을 할 수 없었다. 그러나 사촌 언니의 말을 듣고는 그 찬가가 마리아의 마음속에서 솟아 나왔다. 마리아처럼 괴로워한 경험이 있는 사람에게 힘을 북돋아 주고 신앙을 굳건하게 해 준 엘리사벳이야말로 마리아가 만난 참다운 천사였다.

우리가 우리의 마니피캇을 부르기에는 얼마나 시간이 걸릴 것인가? 우리의 마니피캇은 세례, 소명, 전교, 결혼, 혹은 독신 등을 위한 것이었을까? 우리의 마니피캇을 부르는 데에는 3주가 걸릴까? 3개월? 3년? 아니면 30년? 마리아는 자기에게 부여된 사명을 받아들이기에 3개월 정도가 걸렸다. 우리는 우리에게 부여된 역할을 받아들이기에 얼마의 시간이 필요할까? 우리 생애도 하느님이 보내 주시는 메시지와 사명으로 가득 차 있다. 우리 생애도 천사가 많이 출현한다. 그러나 단지 그들이 우리의 취향대로 날개를 가지지 않았기 때문에 그들을 천사라고 인정하려 하지 않는 것이다.

이제 변모에 관해 말해 보자. 변모란 무엇인가? 우리는 몇 번 변모를 경험했을까? 변모는 주님이 이제까지와는 달리 당신 자신을 보여 주시는 일이다. 그러니 이제까지는 생각해 보지도 못했을 정도로 주님이 생생하게 다가오신 일이 몇 번이나 있었는지를 묻는 것이다.

그리스도가 변모하셨을 때 어떤 일이 일어났던가?

많은 그리스도인에게 복음서는 신화로 여겨진다. 그들은 이런 식으로 말한다. "그 당시에는 여러 가지 일이 일어났는데, 그런 은총을 입기에 합당치 못하여 오늘날 우리에게는 그 일들이 일어나지 않는다. 하느님은 그 관대하신 은총의 목록에서 그 당시에 일어나던 일들을 없애 버리셨다."

이런 사고방식은 2천 년 전의 옛날, 겨우 몇 년 동안 하느님이 오셨다고 생각하는 것이다. 그때 하느님은 기적, 번개, 뇌성, 빛나는 구름 등을 통해서 우리가 원하는 방법으로 나타나셨다고 한다. 지금 우리는 과거의 추억과 그리스도가 곧 재림할 것이라는 희망을 가지고 그런대로 자신의 힘만으로 살아 나가고 있다는 생각이다.

이런 생각대로라면 변모할 때, 변하는 것은 그리스도여야만 한다. 그릇된 것은 항상 하느님이 책임을 져야만 한다는 식인 것이다. 그래서 그리스도의 얼굴은 태양과 같이 빛나고 그 의복은 눈같이 희며, 모세와 엘리야가 함께 나타난다. 그리고 구름 속에서 하늘의 음성이 들린다(마태 17,1-8; 마르 9,2-8; 루카 9,28-36 참조).

그러나 주의해야 할 점이 있다. 그것은 복음서 저자들이 자신이 늘 사용하던 일상 용어라든가 상징적 표현을 복음서에 쓰고 있다는 것이다. 우리가 그것을 문자대로 이해하고 있음을 안다면 그들은 얼마나 놀라겠는가? 당신은 진정으로 하느님이 어떤 강도의 빛으로 나타나신다고 생각하는가? 몇 볼트인가? 히로시마에 떨어진 원자 폭탄이 태양의 천 배 정도로 빛났는데 그리스도의 얼굴은 태양 정도밖에는 빛나지 않았으니, 그것은 별로 유용할 것 같지도 않다. 그리고 표백제를 사용하면 눈보다 더 희게 되는데, 그리스도의 의복은 눈 정도밖에 희지 않았다면, 그것도 그리 유용한 일이 아니다.

그럼 하느님의 '영광'이라든가 예언자의 '증거'라고 할 수 있는 내용은 무엇인가? 문자에만 구애되면 즉시 해결할 수 없는 곤란에 빠져, 모두가 충실하게 믿고자 하는 '원시의' 저자들보다도 훨씬 유치하게 된다. 더욱 좋지 않은 일은 하느님의 세계와 인연을 끊고 변모를 통해 조금이나마 이익을 얻을 수 있는 기회와도 아예 인연을 끊는 것이 된다는 점이다.

실제로는 우리 모두가 잘 아는 바와 같이 주님의 손길은 지금도 우리를 향해 있다. 말씀은 옛날 사람들에게 그랬듯이 우리에게도 역시 육체가 되시고 현실이 되시며 계시하시고 우리 사이에 살아 계신다. 우리는 우리 스스로가 조금만 변모하면 그것을 알 수가 있는 것이다.

그리스도는 항상 계속 탄생하시기 위해서 단 한 번 세상에 탄생하셨다.

예수님은 언제나 우리에게 말씀하시고자 단 한 번 말씀하셨으며, 언제나 사람들의 불신과 완강함에 고통을 받으시고자 한 번만 고통을 당하셨다. 그리고 그분은 존경과 사랑으로써 당신에게 가까이 오는 사람들을 위해 변모하시고자, 단 한 번 변모하셨다.

그것은 우리가 어떻게 하느냐에 달려 있다. 항상 변해야 할 이는 우리뿐이다. 하느님이 그 모습과 뜻을 전부 보여 주시는 과정에서 유일한 장애는 우리 자신이다.

사실 그리스도는 항상 빛을 발산하는데도, 주위에 있는 사람들의 통찰력은 다른 것들에 가로막혀 그 빛을 볼 수 없었다. 물론 모든 사람이 다 그렇다는 것은 아니다. 왜냐하면 복음서는 사람들이 어떻게 해서 그리스도의 힘을 느끼고 그 주위에 모여들었는지, 또 어떻게 해서 병자를 고쳐 주었는지 말하고 있기 때문이다. 우리는 그리스도가 가지셨던 그런 빛을 몸에 지닌 사람들을 알고 있지는 않을까? 함께 있으면 기분이 좋아지는 그런 사람들, 우정, 기쁨, 평안, 그리고 애정을 발산하는 사람들을 알고 있지 않을까? 한편에는 그런 사람들이 있는가 하면, 또 다른 편에는 그 빛을 볼 수 없는 사람들이 있고, 더욱이 그 빛을 보고도 신용하지 않으며, 오히려 그 빛에 매혹되는 것이 두려워 가까이하지 않으려는 사람들까지도 있다.

그리스도는 항상 아버지와 함께 계셨다. 아버지의 말씀에 귀를 기울이고 아버지에게 의논하셨다. 사람들은 그것을 보았고, 그리스도가 아버지에 관해 말하는 것을 들었다. 그래서 그들은 '저 사람(그리스도)은 자기가 무엇을 말하고 있는지 안다. 그는 경험한 것을 말하고 있다. 다른 사람에게 들은 것을 되풀이하는 율법 학자들이나 바리사이와는 다르다. 권위 있게, 참다운 지식을 가지고 말한다.'라고 마음속으로 생각했다. 그리고 사람들은 그리스도가 계신 곳에서 갑자기 깨달았다. 우리 인간이 아버지를 믿도록 창조되었으면서도 고아처럼 방황하고 있었다는 것을 말이다. 그들은 자신들이 하느님의 아들로서의 사명을 가지고 있음을 자각했을 때에야 비로소 아드님의 말씀을 알아들을 수 있었다. 그러나 그중에는 아직도 아드님의 말씀에 귀를 기울이지 않고, 자신들의 사명을 알지 못하는 사람들도 있었다.

또 그리스도는 항상 성서와 '대화'하셨다. 그것이 그리스도가 변모하실 때 모세와 엘리야가 나타났다는 진정한 의미일 것이다. 모세가 '율법서' 다섯 권을 의미한다면, 엘리야는 '예언자'를 대표한다. '율법서'와 '예언자'를 하나로 하여 구약 전체를 말한다. "모세와 모든 예언자로부터 시작하여 성경 전체에 걸쳐 당신에 관한 기록들을 그들에게 설명해 주셨다."(루카 24,27)라는 성경 구절을 다시 한번 생각해 보자. 그리스도는 예언을 실현하셨다. 따라서 그리스도와 예언자들 사이에는 대화가 있었고, '빛'의 교류가 있었던 것이다. 그리스도의 인생은 성서에 비추어 밝혀졌고, 성서는 그의 생애를 통해 한층 더 이해되었을 것이다.

사도들은 구약 성서를 외우고는 있었을지라도, 그것이 자기들의 눈앞에서 살아날 정도로 현실성을 가질 줄은 꿈에도 생각하지 못했다. 그들은 성서를 훨씬 과거의 일, 혹은 막연한 미래의 일이라 생각해 버렸다. 결코 그것을 자신들의 경험과는 연결시키지 않았던 것이다. 당신에게도 그러한 경험이 있지 않은가?

사도들은 3년 동안이나 '구도 생활'을 하고도 전혀 그리스도의 영향을 받지 못하고 있었다. 그들은 그렇게 많은 설교를 들었으나 들으면 들을수록 감명은 옅어졌다. 그들은 '자선 사업'을 지극히 열심히 하고는 있었으나 그것이 그들을 진정으로 개선시키지는 못한 것 같다. 그들은 또 하느님의 상징이나 뜻깊은 놀랄 만한 사건들을 목격하긴 했지만 그러한 사건 안에서 자기들이 받을 보다 큰 존경만을 추구하였다.

그리스도는 이제 더 이상 사도들이 그래서는 안 된다고 생각하셨다. 그래서 사도들을 마음의 동요에서 떨어뜨리기 위해, 남을 업신여기며 잘난 체하는 마음의 원인이 되는 군중들에게서 분리시키기 위해 외딴곳으로 데리고 가셨다. 묵상에 잠기도록 사도들을 산중 고요한 곳으로 데리고 간 것이다. 사도들은 마음을 가라앉히고 침묵했다. 근심이나 야망을 버렸다. 그렇게 아무런 방해 없이 예수님과 함께 있게 되자, 가득한 광휘와 강한 영향력을 느끼게 되었다. 그들은 주의 깊게 되고, 과거와 정반대가 되어 열심히 예수님의 말씀을 듣기 시작했다. 그리하여 언제나 그리스도가 자기들 안에 계셨는데도, 이제까지 그것을 알지 못했다는 사실을 깨닫기 시작했다.

그들은 갑자기 아주 큰 행복을 느껴, 오래오래 그곳에 머물러 있고 싶었다. 그래서 "스승님, 저희가 여기에서 지내면 좋겠습니다. 저희가 초막 셋을 지어 드리겠습니다." 하고 말했다. 처음에 그들은 산으로 가기가 싫었는데, 지금은 시간이 짧은 것이 너무 유감스러웠다. 그들은 묵상이 얼마나 좋은지를 맛보았던 것이다.

변모에 대한 책임은 우리에게 있다. 하느님은 우리가 변모하는 것을 결코 거부하시지 않는다. 그러니 우리 자신이 변모하도록 노력해야만 한다. 우리는 좋은 쪽으로 변모하는 데 책임이 있을 뿐 아니라, 나쁜 쪽으로 변모한 것에 대해서도 책임이 있다. 우리 주위에 있는 무뚝뚝한 얼굴들, 남을 받아들이지 않는 차가운 얼굴, 찡그린 얼굴들을 생각해 보라. 그들은 이웃을 기쁘게 맞이하지 못하고, 미소를 모르며, 이웃을 이해하지 못함으로써 자신들이 지니고 있던 빛을 잃어버리게 되었다.

나는 지금 당신에게 그리스도의 변모를 믿느냐 믿지 않느냐를 묻는 것이 아니다. 그리스도의 변모에 대한 신앙은 자칫하면 당신 자신은 변모를 경험하지 않아도 된다고 생각하기 쉽게 한다. 그런 믿음은 사람들에게 아편과도 같다. 나는 또 한 번이라도 변모를 경험했느냐고 묻는 것도 아니다. 한 번만으로는 부족하다. 내가 묻고자 하는 것은 당신이 여러 번 변모를 경험했느냐, 당신뿐 아니라 이웃을 얼마나 변모시켰느냐 하는 점이다.

당신들은 연애할 때나 약혼할 때, 애인이 얼굴에 미소를 띠어 주고 그 얼굴에 사랑의 표정이 나타나는 것을 봤을 때 느꼈던 기쁨을 기억하고 있을 것이다. 이처럼 자신이 변모한 적이 얼마나 있는가? 자녀가 어렸을 때, 자녀를 기쁘게 해 주고 안심시켜 주면서 주의를 끌려고 노력했을 것이다. 어떻게 그럴 수 있었는지 기억하고 있는가? 그런데 지금은 자녀들이 때때로 남을 받아들이지 않고 무뚝뚝하며 무관심함을 나타낸다. 다시 그들의 얼굴에서 그런 표정을 내던지게 할 수는 없는 것일까? 그들에게 당신의 변모의 힘을 행사할 수 없을까?

아주 지능이 낮은 어린이를 다루는 교사들에게 이런 말을 들은 적이 있다. 무표정하고 정상이 아닌 그들의 얼굴에서 갑자기 지력이나 학력의 빛을 보고, 그 표정이 밝아지는 것을 보게 될 때 놀라움을 느꼈다고 말이다. 존경과 사랑으로 대우를 받고 있음을 알게 된 사람, 친구를 얻었다고 느낀 노인이나 소외된 사람, 사회에서 지탄을 받던 사람들의 얼굴이 밝아지는 것을 보는 일은 기쁜 일이다. 하느님은 그러한 사람들의 얼굴 안에 계신다. 이것이야말로 변모다. 소외된 자를 환영하고 마음을 써 주며 사랑을 보여 줄 때, 하느님은 온갖 영광을 받으시고 크게 기뻐하시며 그의 얼굴에 나타나신다.

우리는 스스로 원인을 만든다. 그러니 자기가 받을 만한 정도만 하느님의 계시를 받을 것이다. 그러나 일단 그러한 계시를 받고 목격한 자는 그보다 더 신성한 것은 없음을 알게 될 것이다. 그 사람은 하느님이 왜 인간이 되셨는지 이해하게 될 것이다.

이제 빵이 많아진 사실을 보자. 이는 무엇을 말하는가? 당신은 빵이 많아지는 것을 보았는가? 또 빵을 많게 하려고 한 일이 있는가? 그리고 빵을 많게 해 본 일이 있는가? 당신이 그리스도가 빵을 많게 하신 일을 믿느냐 안 믿느냐는 별개의 문제다. 그런 것은 사람에 대한 '봉사'라는 중심 문제를 떠난, 빗나간 관념론의 유희에 불과하다. 나는 당신의 경험에만 관심을 가질 뿐이다.

나는 빵이 많아진 것을 본 적이 있다. 자선 행위가 어떻게 해서 퍼져 가며 저절로 커 가는지 본 적이 있다. 또 사람들이 빵을 많게 하는 것도 보았다. 나는 여기서 솔직하게 고백한다. 복음서의 이야기는 오랫동안 나에게 그저 기적 이야기에 불과했으며, 그것을 나의 경험과 일치시킬 수 없어서 괴로워했다. 그런데 1966년 '가난한 작은 형제회les Petits Frères des Pauvres'에서 매년 하는 묵상을 지도해 달라는 요청을 받고 갔을 때, 그 단체가 생긴 이유에 대해 설명을 들었다.

그 단체는 어느 동정심 많은 젊은이가 처음 시작하였다. 그는 근처에 살고 있는 노인 두 사람이 이제는 그들의 손으로 음식을 만들 수 없게 되었으며, '노인의 집'에 들어가는 것도 거절당했다는 것을 알았다. 그래서 그 두 노인에게 매일 따스한 음식을 가져다주기로 했다. 2년을 계속하다 보니 누가 실제로 그를 돕겠다고 나섰다. 그러한 사람들에게 그는 "다른 불우한 사람들을 돌봐 드리는 것이 좋겠습니다." 하고 말했다. 그렇게 해서 돕겠다는 사람이 늘어나고 이 운동은 퍼져 갔다는 것이다.

오늘날에는 40명[*]의 사람들이 제 삶을 이 운동에 바치고 있다. 그 밖에도 학생, 노동자, 농부 등 많은 사람들이 1년 내내 이 일을 하고, 더 많은 사람이 자기들의 휴일, 혹은 다른 시간에 규칙적으로 또는 가끔이라도 도우러 온다.

그들은 노인을 간호하는 새로운 방법을 창안했다. 그들의 표어는 '밥보다 꽃'이다. 노인들의 생활에 무엇보다도 결핍되어 있는 것이 '애정'이라는 것을 깨달았기 때문이다. 이제는 쓸모없는 존재로서 잊히고 있다고 생각하는 노인들에게 특별한 마음으로 대해 주는 게 중요하다는 것을 알았기 때문이다. 그들은 결혼 60주년을 맞는 노부부에게 축하 선물로 다이아몬드 반지를 해 주었다. 그리고 그 노인들이 죽자 반지도 노인들과 함께 묻었다. 기자들은 이를 알고 분개하는 기사를 써서 신문에 투고했다. 그러자 그날 저녁에 어느 사람이 전화로 "당신들은 불쌍한 사람들에게 그들의 존엄성을 되찾아 주었소."라고 말하고는, 자기의 넓은 저택을 그들에게 제공했다.

복음서의 이야기가 훌륭한 것은 그리스도가 빵을 만드셨다는 것이 아니다. 하느님이 인간이 해야 할 일을 대신하셨다는 것이

---

* 1965년 기준이다.

아니다. 그곳에 자기가 가지고 있던 빵 다섯 개와 물고기 두 마리를 5천 명이 먹을 식량으로 제공하는, 철부지일 정도로 용기를 가진 젊은이가 있었다는 점이다. 실로 용기를 가지고 이처럼 앞으로 나갈 수 있는 일은 젊은이밖엔 할 수 없으니 말이다. 즉 이 말은 모든 것을 기꺼이 이웃을 위해 제공할 수 있는 사람이 있어야만 한다는 의미다. 그의 빵과 물고기가 암시장에서 얼마에 팔릴지 누가 알겠는가? 5천 마리의 개미가 있더라도 그중에 옳은 판단을 할 수 있는 한 마리의 개미, 손해 볼 줄 알면서도 운명을 걸고 남을 위해 승부를 겨루려는 각오가 선 개미가 있어야 한다.

노인 간호 운동도 거기에서 전개되었다. 이웃에게 봉사하겠다는 넓은 마음의 숫자는 점차 늘어났고, 전파되어 갔다. 연쇄 반응을 일으키는 것은 분열하는 원자만이 아니다. 그것은 영웅적인 자질, 관대함, 자유, 보수를 요구하지 않는 마음 등도 마찬가지다. 쉽게 나타나지는 않지만 번져 가는 것은 빠르다. 한번 시도해 보라. 성서에 나오는 젊은이, 굶주림과 싸우는 데 먼저 나섰던 그도 주님이 먹을 것을 내놓으라고 했을 때 상당히 고민했을 것이다. 그러나 나중에 자신의 양보가 가져온 큰 결과를 보고 얼마나 기뻐했을까!

물론 성서의 이야기는 너무나도 '근사해서' 빵만 지나치게 많아져 사람들의 마음이 변해 간 것을 덮어 버렸다. 그래서 이 이야기는 나쁜 결과로 끝났다. 사람들은 예수님을 왕으로 모시려 했다. 그분은 다른 곳으로 숨어야만 했다. 진정한 기적은 그리스도가 우리의 마음을 넓혀 주고, 그 젊은이에게서 발생한 일이 연쇄 반응을 일으키듯, 우리 한 사람 한 사람에게도 그렇게 되도록 하는 데 있을 것이다. 그리고 우리도 그리스도가 "너희가 그들에게 먹을 것을 주어라."(마르 6,37) 하고 명령하신 대로, 모든 자원을 한데 모아 세상 사람들을 먹여야 할 것이다.

그리스도는 광야에서 돌을 빵으로 만들라는 말을 거절하셨다. 그분은 사람들의 협력을 필요로 하지 않는, 즉 사람의 이목을 끌기는 하겠지만 열매를 맺지 않는 기적을 거절하셨다. 하느님은 인간을 존중하신다. 그래서 반드시 인간을 통하길 바라신다. 하느님은 인간이라는 중개를 통해서만 당신을 하느님으로서 제시하신다. 따라서 빵을 많게 할 책임은 우리에게 있다. 만일 우리가 하지 않는다면 빵은 결코 늘어나지 않을 것이다. 어느 의미에서는 이제까지 한 번도 그런 적이 없었을 수도 있다. 우리가 "게으르고 이기적인 마음을 가지고 있어도 빵을 많게 할 수 있다."라는 것을 경험을 통해서 알고 있지 않다면, 빵이 늘어난 사실이 앞으로 있을 것이라든가 과거에 있었다고 믿는 것은 불가능하기 때문이다. 그리고 빵이 그와 같이 늘어나는 것을 본 사람들, 그 기적에 참여하고 그 일을 행한 사람들은 곧바로 그처럼 아름다운 일, 그처럼 인간다운 일, 그처럼 신성한 일은 없음을 안다. 또 사랑이 창조적인 힘임을 스스로 증명하는 사람을 통해서만 하느님은 가장 하느님답게 보인다는 것을 알게 된다.

그럼 그리스도의 출현에 대해서 살펴보자. 당신이 최근에 그분의 출현을 본 것은 언제인가? 당신의 생애에 그리스도가 몇 번이나 나타나셨는가. 최근에 주님을 뵌 것은 언제인가? 바로 당신 눈앞에 주님이 계셨는데도 불구하고 그분을 인식하지 못한 것은 언제인가?

복음서에는 출현에 관한 규칙이 있다. 누가 그리스도를 만났을 때, 즉시 그분임을 인식하지 못했다는 점이다. 우리도 역시 알아보지 못한 채 항상 그리스도와 만나고 있으므로, 그 규칙은 우리에게도 해당된다. 그리스도는 우리 생활 안에 현존하신다. 이렇게 말씀하신 대로다.

"내가 세상 끝 날까지 언제나 너희와 함께 있겠다."(마태 28,20)
"보라, 내가 문 앞에 서서 문을 두드리고 있다."(묵시 3,20)
"진리에 속한 사람은 누구나 내 목소리를 듣는다."(요한 18,37)

"사랑하는 이는 모두 하느님에게서 태어났으며 하느님을 압니다."(1요한 4,7)

"너희가 내 형제들인 이 가장 작은 이들 가운데 한 사람에게 해 준 것이 바로 나에게 해 준 것이다."(마태 25,40)

마치 당시의 제자들처럼 우리도 하느님을 무시해 버린다. 마리아 막달레나는 그리스도를 정원지기로 생각했다. 엠마오로 가던 제자들은 그리스도를 나그네라고 생각했다. 기적적으로 많은 고기를 잡게 하셨을 때, 사도들은 알지 못하는 사람이 빵과 물고기를 요리하는 것을 보았다. 정원사, 나그네, 알지 못하는 사람 등등, 이 모두 우리가 날마다 관심 없이 지나치는 사람들의 좋은 표본이다.

그리스도는 어디든지 있는 그런 사람이었다. 그리스도의 모습을 사람의 아들 중에서 가장 아름답다고 생각하는 사람은 자기의 이미지에 집착하거나 자신을 높이지 않기 위해 강생의 사실을 받아들일 수 없게 된다. 그들에게 그리스도는 장식되어 있어야 한다. 그리스도가 날개를 가지지 않았다면, 하다못해 그 모자에 깃털 하나라도 달아 드려야 한다는 생각을 할 정도다.

그러나 부활하신 그리스도는 하느님처럼 보이지 않았을 뿐 아니라 이미 그리스도 자신처럼 보이지도 않았다. 엠마오로 가는 도중이던 제자들은 그리스도를 전혀 모르는 사람으로 여긴 채 몇 십 리나 함께 걸어갔다. 그리스도는 대체 누구처럼 보였을까? 부활하신 그리스도의 모습을 보고 싶거든 이웃 사람의 모습을 보라. 그렇게 하면 매우 놀라 그리스도를 그 얼굴이나 목소리, 키를 통해 판별하려는 일을 단념하게 될 것이다. 그리고 색다른 방법을 시도해야만 할 것이다. 그리스도가 변한 것을 보고자 한다면, 당신 자신이 변할 필요가 있음을 인정해야 한다. 또 만일 당신이 그리스도를 받아들이고자 한다면, 당신 자신을 조금이라도 그분에게 내주어야만 한다. 그리스도를 인식하기 위해서는 당신 자신이 그리스도처럼 보이기 시작해야 한다는 말이다.

당신은 자신의 삶에서 그리스도와 만나고 있다. 아마도 이런 사람을 알 것이다. 어떤 사람이 지나치게 평범해서인지 지나치게 총명해서인지 처음에는 그리 공감을 불러일으키지 못했다. 그 후 어떤 계기가 있어 가끔 그와 함께 있게 되었고 서로 조용히, 진지하게 이야기를 하기 시작했다. 그러다 보니 그가 새롭게 보였다. 그는 당신이 기대하지 않았던 것, 아마 누구에게도 들은 적 없는 일들을 말해 줄 것이다. 또 이제까지 말해 본 적 없는 일을, 아마도 생각해 본 적조차 없는 일을 당신의 입을 통해 말하도록 해 줄 것이다. 그러한 시간이 오래 계속되기를 원한 적이 있었을 것이다. 그럴 때 "우리가 여기 있기가 좋으니 계속 머무르는 것이 어떤가." 하고 원했을 것이다. 그리고 나중에, 순식간이긴 했지만 자신의 인생에서 아주 황홀한 한때였다고 생각하면서 "나는 그리스도를 보았다!" 하고 자기 자신에게 말했을지도 모른다.

옛날엔 다른 종류의 그리스도가 출현했었을까? 그런 일은 없었을 것이다. 당신은 사도들이 본 그리스도를 본 것이다. 그리고 사도들도 당신과 똑같이, 그리스도를 그들 자신이 본 대로 인식하기를 주저했던 것이다.

그리스도는 사도들에게, 그분만이 하실 수 있는 방법으로 말씀하셨다. 그리스도는 하느님만이 하실 수 있는 방법으로 용서하셨다. 사도들의 비겁함, 그들이 예수님을 버리고 달아난 일 등을 말이다. 그리스도는 사도들과 빵을 나누시고, 그전에도 가끔 하셨듯이 그들에게 봉사하셨다. 그래서 그들은 그분이 주님이심을 이미 잘 알고 있었으므로, "당신은 누구십니까?" 하고 묻지 않았다. 주님만이 그와 같이 사도들을 사로잡고, 그들에게 말씀하실 수 있었기 때문이다. 그와 같이 쾌활하고, 그와 같이 다정하고, 그와 같이 격려해 주며, 그와 같이 친절한 분은 주님 이외에는 없었으므로, 사도들은 결코 주님에게서 떨어져 있으려 하지 않았다. 그래도 주님이 무슨 사명을 주시면 언제든지 떠날 각오는 되어 있었다.

만일 우리가 사도들이 경험한 바와 같이, 일상에서 일어나는 사건 안에서 하느님을 인식하지 못한다면, 달리 어떤 출현을 볼 수 있단 말인가? 그 이상 무엇을 필요로 하겠는가? 천둥인가, 환상인가, 아니면 하늘의 기적인가? 하느님은 사람이 되셨지 천둥이 되신 것이 아니다. 혹시 사람들 안에서는 하느님을 보지 못한다 할지라도, 자연의 힘 안에서라면 하느님을 좀 더 잘 볼 수 있으리라고 생각하는가?

우리야말로 그리스도의 출현에 대해 책임을 져야 한다. 우리는 그리스도를 출현시킬 수 있도록 충분한 신뢰와 존경을 가지고 이웃을 대하고 있는가? 혹은, 우리가 너무나도 무뚝뚝하고 화난 얼굴을 하고 있기 때문에 우리를 대하는 사람들에게 그리스도의 출현과는 정반대의 현상을 자아내는 것이 아닐까? 가정, 학교, 대인 관계는 모두가 그리스도의 출현을 촉진시키는 환경이다. 그것은 우리 내부에 있는 최선의 것을 발산하도록 해 주며, 거기에서 우리는 한 사람 한 사람이 격려받고 사랑받으며 신뢰받고 있음을 느낀다. 그리고 거기에서 우리는 한 사람 한 사람이 모두 그리스도가 되어 버리므로 이미 무엇이 그리스도다, 하고 식별할 수가 없게 된다.

  인생에는 언제 어디서나 하느님이 계시므로 우리는 항상 기도할 수 있다. 기도한다는 것은 하느님이 우리에게 말씀하시며 부르고 계심을 알고, 또 우리를 파견하신다는 것을 조용히 생각하는 것이다. 기도를 하면서 복음서에 기록된 사실들을 우리가 다시금 체험하고 있으며, 참다운 복음서는 자기 인생이라는 것을 깨닫게 된다. 그리고 그것은 오늘 시작된다는 것도 알게 된다. 바오로 사도는 "죽은 이들이 정말로 되살아나지 않는다면 하느님께서 그리스도를 되살리지 않으셨을 것입니다."(1코린 15,16 참조)라고 말했다. 그것은 오늘날 우리를 에워싸고 있는 사회 환경에서 부활의 힘, 죄로부터 해방시키는 힘 등을 보고 느끼고 행사하지 못한다면, 우리에게는 그리스도의 부활을 믿을 자격이 없음을 의미한다.

  빵을 많게 하는 일에 관해서도 똑같은 말을 할 수 있다. 오늘날 사람들이 자신들의 빵을 많게 해 그것을 나누지 않는다면, 그리스도가 그 옛날에 자신의 빵을 많게 해서 그것을 나누어 주었다는 것이 무슨 의미가 있겠는가? 그리고 만일 사람들이 변모되지 않고, 또 우리가 다정함과 정열을 가지고 사람들의 얼굴에서 하느님의 출현을 인식하지 못한다면, 우리에게는 그리스도의 변모란 없는 것이다.

사람들의 모임 안에서 하느님이 계속적으로 출현하시도록 준비된 가장 적절한 장소, 그것이야말로 있어야 할 교회인 것이다.

"우리는 모두 너울을 벗은 얼굴로 주님의 영광을 거울로 보듯 어렴풋이 바라보면서, 더욱더 영광스럽게 그분과 같은 모습으로 바뀌어 갑니다. 이는 영이신 주님께서 이루시는 일입니다."

(2코린 3,18)

사랑으로 보듬어 주시는 하느님의 손길

La prière d'un homme moderne

"내가 세상 끝 날까지
언제나 너희와 함께 있겠다." (마태 28,20)

하느님은 고통받는 인간을 볼 수 없어
고통을 나누고자 인간이 되셨다.

하느님은 당신이 가지신 모든 것을 우리에게 다 주셨으므로, 우리는 아무것도 하느님에게 요구할 필요가 없다고 앞에서 말했다. 그런데 하느님은 무엇을 가지고 계실까? 하느님의 나라란 무엇인가? 마음을 여는 사람들에게 하느님은 무엇을 나누어 주시는 것일까?

사람들이 상상하는 그런 것은 아무것도 없다. 하느님은 다만 사랑이실 뿐이므로, 당신 스스로가 약하고 가난하며 괴로워하고 계시기 때문이다. 하느님은 베푸는 것, 사랑하는 것, 당신과 같이 가난하게 되는 것 이외에는 아무것도 주시지 않는다. 십자가에 달리신 하느님을 보라! 당신은 '그 하느님'에게서 돈이나 성공, 그리고 특별한 은총(주님의 오른편이나 왼편에 앉는 지위 같은 것)을 교묘히 얻고자 하는가? 십자가를 무엇이라 생각하는가? 피뢰침이라 여기는가? 그런 높은 곳에서 비바람에 시달리는 십자가는 오히려 벼락을 끌어들일 것만 같다.

하느님은 우리에게 "당신들은 나의 힘으로 힘을 내고, 나의 기쁨으로 기뻐하십시오. 나에게는 그것 이외에는 아무것도 당신들에게 줄 것이 없습니다." 하고 말씀하신다. 우리가 죽지 않도록 그리스도가 죽으신 것이 아니다. 우리가 괴로워하지 않도록 그리스도가 대신 괴로워하신 것이 아니다. 그리스도는 우리가 그분과 같이 죽고 그분과 같이 괴로워하도록, 당신 스스로가 죽으셨고 괴로워하셨던 것이다. 그런 그리스도에게 무엇을 구해야 할까? 십자가에 달리신 그리스도에게 구할 것은 그분처럼 사랑하고 믿는다는 단 한 가지다.

하느님의 무력함은 갈바리아에서부터 울려 퍼졌다. 그러나 이단은 진짜는 전능하시지만 외관만 약하신 체하셨다는 확신을 끊임없이 되풀이해서 자신들에게 타이르고 있다. 그렇게 하는 것이 훨씬 더 마음 편하기 때문이다. 그런데 하느님은 결코 그렇게 마음이 편하신 분이 아니다. 그분의 힘은 사랑하는 힘이며, 그분의 기쁨은 주는 기쁨인 것이다.

이단의 입장에서 본다면 그런 하느님처럼 약한 것은 없다. 그리고 그러한 약한 처지를 감수하시는 것보다 위대한 힘은 없다는 것을 인정하는 일은 그들에게 있어서는 매우 곤란한 일이다.

우리가 파괴해야 할 것은 전능성이라는 우상이다. 하느님은 우리가 생각하는 뜻에서의 전능한 분은 아니시다. 하느님은 동그라미를 네모로 만들 수도, 인간의 자유를 없이할 수도 없으시다. 그러한 의미에서 하느님의 전능성을 주장하는 것은 하느님의 창조성을 부정하고 자유를 부정하는 것이다. 동시에 그리스도의 수난을 경건한 희극으로 만들고, 예수님을 그리스도인 듯 가장하고 실은 제우스를 데려오는 것이 된다. 그리고 하느님이 이 세상의 악을 저지하실 수 있다면, 하느님은 세상의 모든 악에 책임을 져야만 하게 된다.

하느님은 우리가 생각하는 그런 점에서 전능하시지는 않다. 물론 하느님은 사랑에서는 전능하시다. 힘에 있어서는 전능하시지 않다. 우리 중 얼마나 많은 사람이 상상으로 만들어 낸 허상에 예배하는지 모른다. 우리는 "무엇이든지 할 수 있는 능력만 있다면……." 하는 자신의 바람을 하느님에게 투영한다. 그런데 당신은 어떠한가? 정직하게 그것을 인정하는가? 당신은 하느님을 그렇게 생각하는가?

진정한 하느님이란 어버이가 가지는 무한한 힘이며, 자녀를 가질 수 있는 힘이다. 우리 각자 안에 있는 아들 딸, 즉 하느님과 같은 아들과 딸을 키울 수 있을 정도로 강한 사랑의 힘인 것이다. 그런데 어버이라 함은 완전한 의존 관계를 경험하는 것을 뜻한다. 지극히 약한, 어디까지나 자기에게 의존하는 것들(자녀들)이 자신에게 무한한 힘(사랑의 힘)을 가지게 하며, 그것이 자기 마음을 지배하는 전능성을 경험하는 것을 의미한다.

하느님이 사랑이 아니라면, 하느님이 사랑의 대상을 가지지 않았다면 그분은 전능하셨을 것이다. 인간을 창조하고 인간에게 이 세상을 맡기셨기에, 하느님은 이미 전능하시지 않게 되었다. 인간을 자유롭게 해 주기 위해 그분은 자원하여 스스로를 제한하셨다. 프랑스 철학자 가브리엘 마르셀은 "하느님이 당신의 창조력을 제한하신 그만큼 우리는 자유다."라고 말했다. 하느님의 힘을 제한한 것은 우리가 아니다. 하느님에게 반항할 수 있는 생물, 하느님이 원하지 않는 요소를 이 세상에 도입할 수 있는 생물을 창조하신 분은 하느님이시다. 하느님은 물건을 만드는 자를 창조하셨다. 우리의 자유로운 행위는 예측할 수도 없을 정도다. 우리의 자유로운 행위는 새로운 요소를 가져온다. 프랑스 철학자 자크 마리탱은 이렇게 말했다. "악이 생성되는 과정에는 피조물이 창조주다." 즉 피조물이 사물을 만드는 자다.

그리스도에 의한 구원에서, 하느님은 인간을 필요 불가결한 존재로 하고자 생각하셨다. 이것은 하느님의 힘과 모순되는 것이 아니라, 오히려 그 힘을 끌어낸다. 하느님은 당신 마음대로 할 수 있는 세계를 창조하실 수 있음에도 사랑의 자유 안에서 친교하는 자유로운 사람들로 구성되는 세계를 원하셨다. 이 얼마나 하느님다운 일인가!

하느님의 무력함을 계시하시며 그리스도는 우리를 해방시켰다. 즉 그리스-로마인들은 자연, 특히 자연 현상을 신성화하여 '하느님의 섭리'에 완전히 자신을 의지하고, 자연 현상을 인간의 주인으로 삼았다. 파스칼까지도 "하느님이 손수 우리에게 지배자를 부여하신다면 진심으로 그들을 환영해야 할 것이다. 자연 현상은 틀림없이 그 지배자다."라고 말했다. 그러나 하느님이 친히 우리에게 계시하시는 참다운 질서는 곧 사랑의 질서다. 하느님은 자연 현상이 우리에게 주는 공포의 압박 속에서 찾아볼 수 있는 분이 아니다. 오히려 우리가 자연 현상을 뛰어넘을 수 있다고 하는, 하느님의 은혜로운 제안 안에서 그분을 발견해야 할 것이다. 다른 종교의 특성은 단념하는 데 있으나, 그리스도교의 특성은 해방의 계기가 된다는 데 있다.

신심 깊다고 자처하는 신자들은 지금도 여전히 일어나는 모든 일 안에서 확실히 존경하고 사모해야 할 하느님의 손길이 개입하셨음을 볼 수 있다고 한다. 그러나 그런 생각은 치료해 주는 손에 키스하는 것과 똑같이 때리는 손에도 정중히 키스를 하는 것이다. 극악의 범죄까지도 그 안에 숨어 있는 '하느님의 뜻'을 존중함으로써 그것을 신성화하게 되는 것이다. 불쌍한 마르틴 루터 킹 목사의 부인 역시 그러했다. 남편이 암살당했음을 안 순간 최초로 그녀의 입에서 나온 말은 "하느님께서 그렇게 원하셨다."라는 것이었다고 신문에 보도되었다. 정말 무정한 하느님이시다. 공포가 어느 한도에 달하면 우리는 즉시 그것을 신성시한다. 하느님만이 그렇게 잔혹할 정도로 위대하시다고 생각한다. 신심 깊은 사람들의 마음에 이처럼 깊게 뿌리박고 있는 태도가 또 있을까? 그것을 제거하려는 노력은 허사가 될지도 모른다.

    그러나 섭리를 제대로 이해하지 못하면 진정으로 기도할 수 있는 데까지 도달할 수 없으므로, 그러한 태도를 제거하고자 노력하려 한다. 나는 다음 두 가지 명제를 전개해 보고자 한다. 하나는 "모든 것이 하느님을 통해서 이루어진 것은 아니다."이며 다른 하나는 "하느님 없이는 아무것도 이루어지지 않는다."이다.

1. 모든 것이 하느님을 통해서 이루어진 것은 아니다

운명론은 어느 종교에서나 크나큰 유혹이다. 신을 안 믿는 사람들만 결정론자가 되는 것은 아니다. 기묘하게도 인간의 자유를 부정하는 유물론자는 모든 것 안에서 '하느님의 손길'을 보는 섭리주의자와 손을 잡는다. 그리스도 신자의 대부분은 운명론자다. 대부분 이렇게 생각한다.

'하느님의 뜻 앞에서는 고개를 숙여야 한다. 하느님의 뜻이 이루어지면 그것은 운명이다. 그렇게 기록되어 있다. 그것은 어느 때고 일어날 수밖에 없었다.'

당신은 하느님의 손길이 우리에게 보내 준 자연 현상이 우리의 지배자라고 생각하는가? 우리는 하느님의 섭리에 모든 것을 맡기고, 그러한 자연 현상을 전부 받아들여야만 하는 것일까? 아니면 우리의 창조적인 재능에 호소해서 그러한 것들에 대처해야 할 것인가? 누가 집 문을 두드렸다면, 그는 자기 의지가 아니라 섭리에 의해 찾아왔다고 할 것인가?

그렇지 않다. 그를 거절하거나 맞아들이거나 모두 '섭리'일 수 있다. 그러니 우리는 책임을 지는 삶을 살도록 하자.

섭리주의는 무신론으로 통한다. 사람은 자기가 섬기는 하느님보다 월등할 때 무신론자가 된다. 만일 하느님이 선을 행하신다면 하느님은 악에 대해서도 책임을 져야 한다. 만일 당신을 보호하고 목숨을 살려 주신다면, 반대로 이웃을 희생시키는 것이 된다. 제2차 세계 대전 때 프랑스가 해방된 직후 우리 집 근처에 있던 프란치스코회 수도자들은 특별한 감사 예식을 거행했다. 하느님이 그들의 수도원을 연합군의 폭격에서 보호해 주셨다는 이유로 말이다. 그 수도원 둘레에 있는 집들만 폭격당했던 것이다.

"만일 하느님이 그러한 일들을 저지하실 수 있으면서, 단 한 명의 어린이에게라도 고통을 주신다면 나는 무신론자가 된다."

아니다. 하느님은 결코 그런 일을 하시지 않는다. 사람은 하느님의 섭리에 자신을 내맡겨서는 안 된다. 하느님은 사람에게 사람을 맡기시기 때문이다. 세상을 사람이 정한 법과 자유에 내맡기신 것이 하느님이다. 하느님이 항상 인간을 당신 뜻대로 하시고, 이 세상을 지배하신다는 생각은 잘못된 생각이다. 하느님은 손수 창조하신 것들의 자유를 존중하신다. 이 세상에서 하느님의 뜻이 반영된 것을 찾아보려 한다면 세상을 이해하기가 어려우나, 만일 거기에서 사람의 의지의 결과를 본다면 모든 것은 명백해진다.

하느님은 악을 원하시지 않는다. 하느님이 악을 원하셨다고 믿는 것은 하느님을 모독하는 일일 것이다. 또 하느님은 악을 방임하시지 않는다. 우리는 하느님의 책임과 힘을 동시에 변호하기 위해 종종 그렇게 말한다. 그러나 악을 방임하는 하느님, 악에 무관심하거나 무감각한 하느님, 이는 예수 그리스도의 하느님이 아니다. 하느님은 악을 그냥 내버려 두지 않을 뿐 아니라 악에 반대하신다. 악과 싸우는 사람들을 사랑으로 격려하시고, 하느님의 뜻이 미치는 데까지 악과 싸우신다. 하느님은 우리의 악 때문에 괴로워하신다. 우리가 괴로워하고 죽는 것을 볼 수 없으셔서 모든 악을 극복할 수 있는 사랑을 보여 우리를 악에서 구하시려고 이 세상에 오시어 고통을 받고 죽으셨던 것이다. 하느님은 이 세상의 빈곤을 보고 우는 모든 사람, 정의에 목말라하는 사람들, 악에 반대하여 싸우는 사람들 안에서 당신의 모습을 찾아보도록 하셨다. 중립을 지킨답시고 악을 방임하는 사람들 안에 당신의 모습을 심어 주시진 않았다.

하느님의 무기는 사랑이다. 그것이 그분의 유일한 힘이지만 우리에게는 그것이 약한 것처럼 여겨진다. 악은 찬미를 받으며, 부유하고 조직화되었으며, 강한 힘을 지니고 있다. 하느님은 이 세상이라는 전쟁터에서 맨손으로, 미움도 폭력도 사용하지 않고, 때로는 혼자서 모두를 대적하여 싸우는 어린이와 같으시다. 그러나 그분은 최후의 승리를 확신하신다.

"나는 땅에서 들어 올려지면 모든 사람을 나에게 이끌어 들일 것이다."(요한 12,32)

하느님은 우리를 고통받고, 질병에 시달리며, 죽음에 이르도록 하시지는 않았다. 그런 것들은 하느님이 주시는 시련이나, 하느님에 대한 보속이나, 하느님이 행하시는 교정矯正이 아니다. 하느님이 만민의 감시역을 한다면 사형 집행인과 같이 불쾌한 존재가 될 것이다.

"하지만 어버이는 자녀들이 잘되라고 애정이 담긴 벌을 주지 않는가?" 하고 당신은 물을지도 모른다. 물론 그렇다. 그러나 하느님은 우리를 어린이와 같이 취급하시지 않는다. 하느님은 우리를 어른으로서, 자유인으로서 대해 주신다. 만일 하느님이 우리 위에서 어떠한 힘을 가지고 계신다면, 우리를 끝까지 사랑하시지는 않았을 것이다.

:: 질병과 고통

현세에서의 보속이라는 옛 유다교적인 사고방식이 아직도 모든 종교에 남아 있다. 불행하다는 것은 곧 죄가 있음을 의미한다. 사람들은 하느님이 착한 사람에게는 상을 주시고, 악한 사람에게는 벌을 주신다고 생각한다. 성공회에서는 "어떠한 질병일지라도 그것이 하느님이 보내신 것임을 먼저 아시오."라는 말로 시작되는 기도로 병자를 위로하고 있다.

  물론 때로는 질병과 고통을 '시련'이라고 부르면서 이겨 내려 하거나 하느님이 우리의 성화를 위해 부여하셨다고 되뇌며 혹독함을 완화시킬 수 있다. 그러나 이는 하느님을 급할 때 갑자기 등장해 모든 일을 해결해 주는 분으로 여기려는 자세다. 하느님을 자신이 직접 해결하지 않아도 되는 토지 중개인이나 체념의 기회로 여기려는 태도인 것이다. 마찬가지로 당신이 종교 재단에서 경영하는 병원에 가 보면 반드시 질병이나 사고가 지니는 섭리상의 의미를 해명하는 수녀와 원목 사제를 만날 것이다.

  질병과 고통을 벌이라고 생각하는 이들은 복음서를 읽지 않았을 것이다. 복음서에는 책장을 넘길 때마다 그리스도가 병자를 고쳐 주신 사실이 기록되어 있다. 그런데 그리스도가 사람들에게 질병을 주었다고 상상할 수 있겠는가? 하느님은 자신을 위로자로 계시하셨는데 우리는 반대로 하느님을 고통을 주는 이로 만들고 있다.

:: 죽음

그리스도는 그 누구도 죽인 일이 없으시다. 진정한 하느님은 '죽음 위에 군림하시는 주님'이시다. 그리스도는 죽음에서 아들을 소생시켜 그의 어머니에게, 오빠를 소생시켜 그의 누이들에게, 딸을 소생시켜 그의 아버지에게 되돌려주셨다. 그럼에도 그리스도인들은 그리스도가 자기네를 따로 떼어 갈라놓기를(분열) 좋아한다고 믿고 있다.

그들의 생각대로라면 하느님은 비할 데 없이 잔인한 살인자다. 부고장에는 "하느님은 기꺼이 그 종을 불러 가셨다."라고 기록되는 일이 있다. 얼마나 잔혹한 분이신가! 하느님은 기어코 그 아들을 그 어머니에게서, 그 남편을 아내에게서 **빼앗아** 가는 것일까? 그것이 하느님이 기뻐하시는 일인가?

그리스도는 라자로의 죽음을 보고 눈물을 흘리시며 슬퍼하셨다. 나인의 과부가 깊이 탄식하는 것을 보시고 가엾은 마음이 들어 눈물을 흘리며 죽지 않도록 기도하신 그리스도시다. 그럼에도 그리스도 신자는 하느님이 그러한 사람들을 마음대로, 원하시는 때에, 원하시는 곳에서, 원하시는 대로 죽여 버린다고 믿고 있다.

전에 어느 과부가 나에게 이런 말을 한 적이 있다. 자기는 남편이 죽었을 때 신앙을 잃었다고 했다. 자기가 괴로워하고 있을 때

'그리스도교적인 조문'을 들었기 때문이었다. 그녀는 신물이 날 정도로 이런 말을 들었다. "하느님이 남편을 부르신 거예요. 그분이 데려가신 겁니다. 하느님은 사랑하는 사람에게 시련을 많이 주시지요. 그래서 시련을 주신 거예요. 그러니 당신이야말로 행복한 사람이에요."

옛날엔 그런 말이 위로가 되었을지 모른다. 그러나 오늘날에는 모두 자신들이 가지는 자유를 자각하고 있다. 그래서 포악하고 잔인한 하느님을 견딜 수 없게 되었다. 오히려 그런 말은 우리에게 반감만 일으킨다. 사실 하느님은 사람을 죽이지 않을 뿐 아니라, 반대로 사람을 죽음에서 소생시켜 주신다. 하느님은 당신의 배우자나 자녀들을 빼앗아 가는 분이 아니다. 배우자, 혹은 자녀를 당신에게 돌려보내 주시는 분이다. 당신들을 다시 만나게 해 주시는 분이다. 그러니 하느님과 맺는 관계를 단절시켜서는 안 된다.

"하느님께서는 죽음을 만들지 않으셨고 산 이들의 멸망을 기뻐하지 않으신다."(지혜 1,13) 이 세상의 무질서, 악, 죄 등이 당신의 배우자나 자녀를 죽인 것이다. 우리의 연구가 부족했기 때문이다. 우리가 일하고 싸우는 것이 부족했던 것이다. 하느님은 악을 극복하고, 악이 파괴한 것을 바로잡을 수 있도록 우리에게 충분한 자원과 함께 창조 능력을 주셨다. 만일 화학 전쟁이나 원자 전쟁, 생물학적 전쟁에 투자한 것과 똑같은 돈을 암 연구에 썼더라면 아마 암 퇴치도 가능했을지 모른다. 결과는 어떻든 간에 '하느님의 위대한 손길 앞에 그저 고개를 숙이는 것'보다는, 연구를 하는 편이 보다 나은 문제 해결법이라는 말이다. 만일 사람은 죽어야 할 존재라는 것이 하느님의 뜻이라면, 그것에 반대하는 것은 하느님을 모독하는 일이 될 것이다. 그러나 사람은 살아야 할 존재라는 것이 하느님의 뜻임을 믿고 있기 때문에, 죽음을 상대로 싸우는 것이 인간의 신성한 의무라 생각한다.

캐나다에서는 결혼 예식 때, "하느님이 함께 살도록 허락하신 그날까지 당신과 함께할 것을 맹세합니다." 하고 서약한다. 여기에서 또 낡은 하느님에 관한 관념이 사람들 사이에서 횡포를 행사한다. 이 하느님은 얼마 동안 부부를 결합시켜 놓고, 다음 순간에는 갈라놓는다. 인간의 행복을 시기한 여신 네메시스가 그리스도교의 사고방식 속에 다시 도입된 것이다.

전에 어느 신심 깊은 과부가 다음과 같이 말했다. "아시다시피 우리는 아주 행복했어요. 근데 그건 어차피 오래 지속될 수 없었던 거예요. 안 그래요?" 또 아들을 잃은 어머니가 말했다. "우리는 우리 행복의 대가를 지불한 거예요." 그러한 것이 그들이 상상하는 하느님이다. 무엇을 지불하지 않고는 아무것도 얻지 못한다고 생각하고, 사람은 입구와 출구에서 대가를 지불해야 하며, 특히 그 안내인인 하느님을 잊어서는 안 된다고 상상하는 것이다.

"주님이 주신 대로 주님이 다시 가져가셨습니다. 주님의 이름은 찬미받으소서." 하고 섭리주의자인 어머니가 말했다. 그러나 그렇지 않다. 하느님이 그 어머니에게 아이를 주신 것이 아니다. 어떻게 해서 아이가 태어났는지는 당신이 알고 있는 대로다. 의심 없이 하느님의 섭리에 의해 아기가 주어졌다고 생각하면 안 된다. 이는 책임을 회피하려는 일이다. 아기를 어머니에게 주신 것이 하느님이 아닌 것처럼, 그 아기를 어머니에게서 **빼앗아** 가는 것도 하느님이 아니다. 그 어머니의 아이는 확실히 진단이 내려진 병으로 사망한 것이다. 그리고 모두가 단결하고 좀 더 사랑하게 되면, 우리는 그런 병의 치료법을 발견할 수 있을 것이다.

제2원인을 발견하고 자연 법칙에 대한 지식을 얻었기에 우리는 제우스가 불법으로 점유하고 있는 영역에서 그를 추방했다. 그러나 그것은 진정한 하느님에게는 아무런 손상도 끼치지 않는다. 하느님은 다른 차원, 은총의 차원에서 역사하고 계시기 때문이다.

그리스도가 하신 "사실 가난한 이들은 늘 너희 곁에 있다."(요한 12,8 참조)라는 슬픈 말씀이 오랫동안 어떻게 해석되어 왔는지를 생각해 보자. '하느님이 의도하시는' 질서에는 항상 부자와 가난한 자가 함께해야 할 필요가 있다고 해석해 왔다. 그래서 다시 사람들은 자기가 상상하는 하느님을 닮아 간다. 당신은 시련, 싸움, 기아 등을 보내는 하느님, 악을 허용하시는 하느님이 되고 싶은가? 인간이 고통받는 것을 보실 수 없어, 그 고통을 나누고자 인간이 되시어, 인간의 책임을 스스로 짊어지신 하느님이 더 좋을 것은 의심할 바 없는 일이 아닌가?

그러나 사람들은 자기가 지금까지 해 오던 것을 고집한다. 그들은 자기의 미신적인 습관에 애착을 느낀다. 사물을 설명하는 근거로서 하느님을 끌어들이는 것이 편리하며, 하느님의 배려는 설령 그것이 고통을 가져오는 것일지라도 사람을 기쁘게 한다. 중병에 걸렸거나 혹은 큰 사고가 나서 괴로워하는 사람이 있다고 해 보자. 아무도 예상할 수 없었고, 그런 일이 일어나라고 원한 것도 아니다. 그 사람에게 "당신의 고통은 단순한 우연일 뿐이다."라고 말해 보라. 그는 분명히 그의 고통을 하느님 탓이라고 말했을 때보다 훨씬 더 감정이 상할 것이다. 하느님 덕분에 그의 불행은 적어도 어떤 의미가 부여되어 있는 것이다.

사람들은 이러한 나의 입장에 대해서 무어라 반박할 것인가?

받는 편에 서서 생각했을 때는, 지금까지 가지고 있던 그런 사고 방식도 나쁘진 않다. 그러나 그렇게 말하는 편에서 생각해 보자. 자기 아들에게 깊은 생각을 할 수 있도록 '너를 위해' 위중한 전염병을 아들에게 전염시킨 아빠가 있을까? 말이 되지 않는 소리다. 그렇다면 하느님도 그런 일은 하시지 않는다. 복음서를 읽어 보라. 물론 그렇다고 해서 병에 걸린 것이 아무 의미가 없다는 말은 아니다. 병의 원인이 신성하지 않다고 해서 그것을 신성한 목적을 위해 활용하지 말아야 한다는 의미는 아니다. 병은 얼마든지 좋은 방향으로 활용할 수 있다. 병자들에게는 나을 수 있다는 은총, 혹은 병을 초월한다는 은총이 주어져 있다. 하느님은 구세주시다. 당신에게는 그것만으로 충분하지 않단 말인가? 하느님이 복수자, 혹은 전염병의 제공자까지 되어야만 한단 말인가?

그러나 이렇게 이의를 제기할 수 있다. "당신이 그렇게 말한다 해도 성서에는 하느님이 벌을 주셨다고 말합니다. 아담과 하와를 벌하셨는데요."

아니다. 하느님은 아무도 벌하지 않고, 심판하지 않으며, 지옥으로 보내지도 않는다. 하느님이 개입하실 때는 언제나 사랑의 개입, 즉 경고, 시사, 용서뿐이다. 만일 창세기의 이야기에서 하느님의 '계명'을 "저 열매를 따 먹으면 죽여 버린다."라는 위협이라 해석한다면, 당신은 그런 하느님은 없다고 믿는 사람, 그런 하느님보다 나은 자가 되어 버린다. 당신의 아들에게 "그 과자를 몰래 먹으면 죽여 버린다."라고 하겠는가? 하느님의 계명은 오히려 "그런 행동을 해서는 안 된다. 그것은 너를 위해 좋지 못한 일이다. 그런 행동을 하기에 너는 아직 성숙하지 않다. 그런 행동을 하면 죽게 된다."라는 근심에서 나온 훈계라고 해석해야 한다. 당신들이 이 훈계를 무시해 그 결과 병에 걸렸다 할지라도 "하느님이 나를 벌하셨다."라고 말할 수 있겠는가? 그렇게 말한다면 정말 부당한 일이다. 하느님은 당신이 그렇게 되지 않도록 할 수 있는 일을 다 하신 것이다.

"그러나 복음서에서는 '아버지께서는 너희의 머리카락까지 다 세어 두셨다.'(마태 10,30 참조)라고 하지 않았는가?"라고 말할 수 있다.

하느님의 섭리를 표현하는 데 곧잘 사용되는 구절이다. 이것은 제1원인(창조주)과 제2원인(인간처럼 물건을 만들 수 있는 사람)을 거의 구별하지 못했던, 문명이 발달하지 못했던 시대의 사람들에게는 쉽게 이해될 수 있는 구절이었다. 그러나 우리는 보다 고도로 진보한 문명 안에서 살고 있으므로, 그것은 간단하게 이해되지 않는다. 따라서 똑같은 진리는 새로운 사고방식을 가지고 표현되어야 한다. 그렇다면 어떻게 이해해야 하는가?

만일 그 구절이 '그분의 뜻'이라면, 하느님은 당신의 머리카락을 잡아 뽑는 병적으로 잔인한 분이 된다. 그럼 '그분의 허락'이라면 하느님은 당신의 몸이 쇠약해 가는 것을 아무렇지도 않다는 듯 허락하시는 무관심한 분, 즉 초연한 방관자가 된다. 그러나 그것을 '그분의 배려'라 해석한다면, 실로 하느님은 당신 몸이 쇠약해지는 것에 대해 관심을 가지고 걱정해 주심을 의미한다. 그리고 또 하느님은 당신의 건강을 초월하여, 허약함을 극복해 머리가 다 빠져 대머리가 되었을지라도, 오히려 머리카락이 많이 있을 때보다 행복하도록 은총을 베풀어 주신다는 것을 의미하는 것이다.

예수님은 그 당시의 일반적인 관례에 따른 말투를 사용하셨으므로, 가끔 우리에게는 너무 단순하고 낙천적이고 피상적이라 느껴지는 그런 말투로 하느님의 섭리에 대해 말씀하셨다. 마태오 복음서에는 이런 구절이 있다. "하느님은 들에 핀 나리꽃을 입히시고 하늘을 나는 새를 먹이신다." 물론 불충분할 때도 있다. "하느님은 누구에게나 당신의 해가 떠오르게 하시고, 비를 내려 주신다." 가끔 눈발을 휘날리기도 하고 홍수로 휩쓸기도 하신다. 그렇지만 문제는 간단하다. 예수님은 제1원인과 제2원인을 구별하지 않으셨다. 현대에 있어서도 예수님은 지구상의 모든 것을 하느님에게 돌리신다. 이 가르침은 어느 점에서는 그 당시 사람들의 사고방식으로 이해할 수 있도록 표현된 것이다. 따라서 우리는 그 가르침의 표현이 아니라, 그 가르침 자체를 보존해 나아가야 한다.

여기에서 가르쳐 주시려는 것은 명백하다. "근심 걱정을 하지 마라."라는 것이다. 그렇다고 일하는 것을 반대하는 것이 아니다. 그 일에 집착하여 마음의 여유를 잃을까 경계하는 것이다. 바쁘게 돌아가는 것을 반대하는 것이 아니라, 다망함에 쫓기어 마음을 빼앗기는 것을 경계하는 것이며, 활동하지 말라는 것이 아니라 마음이 동요되지 않도록 경계하는 것이다.

"마르타야, 마르타야! 너는 많은 일을 염려하고 걱정하는구나."(루카 10,41)

요약하면, 낡은 그리스 – 로마식의 사고가 하느님을 우주의 주인이자 가사 전반을 맡은 하녀로, 또 만물의 근거로서 거기에 설명을 부여하는 분으로 간주하도록 했다. 물론 이러한 신앙은 인간 심리에 비추어 극히 자연스러운 일이며 또 본능적인 것이기 때문에, 그리스도교에서 완전히 근절될 수 있는 것은 아니다. 실제로 그리스도교는 그러한 신앙을 때로는 오히려 '신심 깊은' 태도라 해서 조장하기까지 했다.

　과학과 공업 기술이 발달한 현시대에 이런 태도를 취하게 하는 것은 사람들을 무신론자로 만들 뿐이다. 인간은 세계의 지배자가 되었다. 세계에 대해 생각하고 세계를 개선해 간다. 인간은 이미 '자연'이라는 차원에 존재하는 하느님, 즉 힘을 가진 무서운 이기적인 하느님을 믿을 수 없다. 하지만 바로 지금이야말로 그리스도교의 계시를 받아들일 준비가 되어 있는 때다. 인간은 사랑이라는 차원에서 존재하는 하느님을 믿을 수 있게 되었기 때문이다. 압박, 두려움, 고통 따위를 가져다주며 폭정을 일삼는 하느님을 거부하는 무신론자는 그러한 종류의 하느님에 대해서 만족하는 그리스도인보다도 진정한 의미에서 훨씬 더 그리스도교적이다.

　인간이 전염병, 기아, 추위, 어둠에 대해서 약하고 무방비한 상태였을 때, 그들은 그 모든 것이 하늘에서 온 징벌이라 생각하고, 그러한 징벌을 내리는 하느님을 겸허하게 예배했다. 그들은 자기를 때리는 손에도, 자기를 길러 주는 손에도 키스했다. 그 손은 같은 손이며 하나였다. 자연이라는 손이었다. 그러나 하느님의 계시는 자연을 신성하게 여기지 않음으로써 인간을 해방시켰다. 하느님은 이렇게 말씀하신다.

"자연을 지배하고 정복하라. 내가 그처럼 준엄하고 적의가 있는 불친절한 세계를 창조한 이유는 단 하나다. 나의 일을 개선하고 성취시킬 수 있는 인간, 즉 물건을 만들어 내는 자로서 너희를 창조했기 때문이다. 나는 내 손으로 부여한 그대로의 세계를 자랑으로 여기진 않는다. 그러나 너희가 이 세계를 완성시킬 것이므로 그로써 내가 한 일을 정당화시키려 한다. 너희는 나에게 감사만 하고, 나의 일만 존경할 의무를 짊어진 노예가 아니다. 너희는 나의 자녀들이다. 이 세상을 관리하고 나와 함께 일하며, 책임을 지고 주도권을 잡아라!"

2. 하느님 없이는 아무것도 이루어지지 않는다

물론 하느님이 이 세상에 개입하고 계시는 것을 부정하는 것은 아니다. 다만 그 개입이 폭력적인가를 의심하고 있을 뿐이다. 신심 깊은 사람들은 모두가 하느님이 자기들에게 마음을 쓰고 계심을 믿는다. 그런데 과학 시대 이전의 사람들은 그 하느님의 배려의 증거를 '현상'*의 차원에서, 즉 하느님 스스로가 옳은 일을 제시하시고 강압적으로 강요하는 행위에서 구했다. 과학적으로 생각하게 되자 우리는 점차로 그러한 견해에 거부 반응을 느끼게 되었다.

우리는 하느님이 끊임없이 이 세상에 개입하고 계심을 믿는다. 그러나 그것은 어디까지나 예수 그리스도 안에 계시된 하느님의 본질과 일치해서, 하느님이 제정하신 법과 하느님이 우리에게 부여하신 자유를 존중하면서 개입하신다. 하느님은 우리에게 말씀하시고, 부르시고, 스스로를 우리에게 주시지만 결코 강요하시지 않는다. 우리는 은총의 질서 안에서 살고 있다. 그 질서는 자유지 복종이 아니다. 하느님은 항상 당신 자신을 나타내시지만, 그것은 사랑의 표시지 힘을 행사하기 위해서가 아니다.

모든 것이 하느님에게서 생겨난 것이 아니라고 할지라도 하느님이 안 계시면 아무것도 일어나지 않는다. 하느님이 원하시지 않았던 온갖 것, 고통, 죄, 그리고 죽음을 이기기 위해서 하느님은 구원 방법을 제공해 주신다. 하느님은 악을 극복하거나 개선할 수 있는 사랑의 숨결을 우리 마음에 항상 불어넣어 주신다. 그

---

* 인간이 지각할 수 있는 사물의 모양이나 상태이다.

러나 하느님은 인간을 매개로 삼아서만 자신을 나타낸다.

인생의 모든 사실에는 의미가 있고, 활용하는 방법이 있으며, 빠져나갈 길이 있다. 하느님이 사건을 가져다주는 것이 아니다. 오히려 하느님은 우리가 그 사건에 지배당하지 않고 자유롭게 되기 위해서는 그것들을 어떻게 활용해야 하는지 시사하신다고 할 수 있다. 그리고 하느님은 재해가 일어나는 것을 저지하시지는 않지만, 그 재해 안에서 우리와 함께 계신다. 하느님은 우리에게, 가난하지만 부자보다 행복할 수 있도록 은총을 제공하시며, 병고에 있으면서도 건강할 때보다 행복할 수 있도록, 박해를 받으면서도 찬사를 받을 때보다 행복할 수 있도록, 불행을 겪으면서도 만사형통할 때보다 행복할 수 있도록 은총을 주고 계신다.

그리스도는 십자가에서 내려오시지는 않았다. 따라서 지금 그와 같은 것을 원하지 말자. 오히려 우리가 자기의 십자가 위에서 그리스도처럼 될 수 있도록 바라자. 다정하고 충실하며, 다른 사람의 말에 귀를 기울이고 보다 더 활동적이 되도록 바라는 것이다. 그리스도는 십자가 위에서까지도 자신의 사명을 계속 수행하셨다. 그분은 십자가 위에서도 사람들을 회개시키셨다. 당신이 짊어진 십자가는 권위, 명예, 부, 혹은 힘을 당신에게서 빼앗아 갈지도 모른다. 그러나 사랑을 빼앗아 갈 수는 없다. 다시 한

번 그리스도의 말씀을 빌린다. "나는 땅에서 들어 올려지면 모든 사람을 나에게 이끌어 들일 것이다."(요한 12,32)

이러한 것이 로마 신자들에게 보낸 서간에서 바오로 사도가 설명하는 하느님의 섭리에 대한 견해다.

"하느님을 사랑하는 이들, 그분의 계획에 따라 부르심을 받은 이들에게는 모든 것이 함께 작용하여 선을 이룬다는 것을 우리는 압니다. 하느님께서는 미리 뽑으신 이들을 당신의 아드님과 같은 모상이 되도록 미리 정하셨습니다. 그리하여 그 아드님께서 많은 형제 가운데 맏이가 되게 하셨습니다. …… 그렇다면 우리가 이와 관련하여 무엇이라고 말해야 합니까? 하느님께서 우리 편이신데 누가 우리를 대적하겠습니까? 당신의 친아드님마저 아끼지 않으시고 우리 모두를 위하여 내어 주신 분께서, 어찌 그 아드님과 함께 모든 것을 우리에게 베풀어 주지 않으시겠습니까? 하느님께 선택된 이들을 누가 고발할 수 있겠습니까? …… 누가 그들을 단죄할 수 있겠습니까? …… 무엇이 우리를 그리스도의 사랑에서 갈라놓을 수 있겠습니까? 환난입니까? 역경입니까? 박해입니까? 굶주림입니까? 헐벗음입니까? 위험입니까? 칼입니까? …… 우리는 우리를 사랑해 주신 분의 도움에 힘입어 이 모든 것을 이겨 내고도 남습니다. 나는 확신합니다. 죽음도, 삶도, 천사도, 권세도, 현재의 것도, 미래의 것도, 권능도, 저 높은 곳도, 저 깊은 곳도, 그 밖의 어떠한 피조물도 우리 주 그리스도 예수님에게서 드러난 하느님의 사랑에서 우리를 떼어 놓을 수 없습니다."(로마 8,28-39)

# 기도하고 활동하는 그리스도인

*la prière
d'un homme moderne*

"예수님께서는 밤을 새우며 하느님께 기도하셨다.
그리고 날이 새자 제자들을 부르시어
그들 가운데에서 열둘을 뽑으셨다."(루카 6,12-13 참조)

위대한 관상가는
훌륭한 활동가이기도 하다.

기도를 해야만 내쫓을 수 있는 마귀가 있다. 하느님의 말씀이 들리지 않는 귀머거리 마귀, 감사할 줄 모르는 벙어리 마귀, 자만심, 근심, 절망, 고독 등의 마귀가 바로 그런 것들이다. 그러나 활동을 해야만 내쫓을 수 있는 특별한 종류의 마귀도 있다. 환상, 자아도취, 태만 등의 마귀가 바로 그것이다. 만일 우리가 기도에만 집중한다면 활동을 해야만 내쫓을 수 있는 마귀를 마음에 담게 될 것이고, 활동에만 집중한다면 기도를 해야만 내쫓을 수 있는 마귀를 마음에 담게 될 것이다.

세상에 흔히 알려져 있는 활동과 관상의 잘못된 구별을 그리스도교는 벌써 예전에 졸업해 버렸다. 그리스도교의 본질이 사랑에 참여하는 데 있기 때문이다. 그리스도교의 기도는 기도 자체가 이미 사랑하는 것이며, 그리스도교의 활동은 하느님의 사랑에 의해 움직여지는 것이다. 하느님은 우리의 탐구 대상도 아니며 고정된 종착역도 아니다. 하느님은 우리에게 탐구를 계속하게 하는 근원이며, 우리가 탐구하는 원인이자 그 탐구의 동기를 주는 힘이시다. 사랑은 사랑받기 위해서가 아니라 사랑하기 위해서 있는 것이다.

그리스-로마식의 관상은 신에게 공헌하기 위한 인간의 노력이다. 정의를 내리자면 '신과 직접적인 친교를 체험하기 위한 수단의 총화'다. 그러나 그리스도교의 기도는 성령의 역사에 의해서 사람의 마음 안에 부어 넣어지는 것이다. 즉 하느님이 인간을 위해서 힘써 주시는 것이다. 하느님은 우리 안에서 사랑하시고 기도하고 계신다. 인간이 기도한다는 것은 하느님이 우리 인간을 완전히 점유할 수 있도록 그분을 도와 드리는 것이다. 일단 우리 안에 살아 계시면, 하느님은 거기서 그분이 하고자 하시는 일을 하신다. 그 일은 우리가 다른 사람에게 관심을 가지도록 자극하시는 일이다.

하느님은 우리의 사랑을 받기보다는 우리가 이웃을 사랑하는 것을 더욱 기뻐하신다. 이웃을 사랑할 때 우리 안에서 그분의 모습을 볼 수 있게 되고, 또 그분 자신이 우리를 완전히 점유하셨음을 아실 수 있기 때문이다. 그렇게 되면 '하느님의 것은 모두 우리의 것'이 되고, 우리의 생활은 기도와 같아지고, 하느님과 같아지는 것이다. 우리는 하느님의 생명에 '참여'하는 것이다. 어느 신부가 말한 바와 같이 "믿는다는 것은 사랑하기 위해 사랑을 받아들이는 것"이다.

노동을 육체노동과 정신노동으로 구별하는 것은 이미 그 자체로 인간다움을 상실하게 한다. 우리는 이런 구별 방식을 하느님에 대한 헌신의 영역까지 확대시키려는 것은 아니다. 어떻게 그리스도를 둘로 나눌 수 있겠는가? 그분은 일하고 기도하셨다. 우리가 그리스도보다 더 훌륭하단 말인가? 만일 '찬미가'와 '뜻'만으로 세상을 구원할 수 있다면 그리스도가 인간이 되실 필요는 없었으리라. 그리스도는 하늘의 완전한 수도원, 불가침의 천상 낙원에 머물러 계셨을 것이다. 그러나 그분이 우리 인간을 위해 '담을 뛰어넘어' 이 세상에 오셨기 때문에 우리는 구원되었고 계속 구원받고 있다.

그리스도교 신자는 기도에만 전심하거나 활동에만 전심하는 일은 없을 것이다. 다만 살아가면서 기도나 활동 중 어느 한편에 좀 더 비중을 두는 정도일 뿐이다. 영신 생활에서 출발점이 그리 중요한 것은 아니다. 중요한 것은 종착점이다. 어느 사람이 활동 생활을 택할 것인지 관상 생활을 택할 것인지 하는 것은 주로 그의 타고난 성질에 따라 결정되는 것이다. 기질의 문제일 뿐이다. 관상가가 결국 활동이나 자선 행위로 이끌릴 수도 있고 활동가가 결국 기도를 배울 수도 있다. 그 사람이 택한 길이 어디에 도착하는지는 신앙을 통해 얻어지는 성질에 따라 결정되는 것이다.

위대한 관상가는 아무도 따를 수 없는 활동가이기도 했다. 그것은 이해할 수 있는 일이다. 그들은 아주 깊이 관상한 결과 '구원의 하느님'('끊임없이 역사하시며' 십자가 위에서도 역사하시면서 죽으신 하느님)이 그들의 마음속에 충만해졌다. 그리하여 그들은 자기가 묵상한 그 하느님과 같아졌다. 그리스도교적 관상의 유일한 대상은 관상과 활동의 사람인 그리스도의 인간성이다.

"아무도 하느님을 본 적이 없다. 아버지와 가장 가까우신 외아드님, 하느님이신 그분께서 알려 주셨다."(요한 1,18)

또한 진정한 활동가는 누구나 다른 사람들에게 자기의 사랑, 자기의 얼굴, 자기의 재산보다 훨씬 더 많은 것을 주어야 함을 깨달았다. 다른 사람에게 하느님이 우리를 얼마나 사랑하시는지 사랑의 계시를 받도록 도와주며, 자기가 변모되어 하느님이 자신이나 다른 이가 빈곤할 때 베풀어 주시는 일을 자기 자신이 행해야 한다는 것을 깨달았다.

진정한 활동가는 기도와 활동 중에서 자기 자신을 없이하고 정신적으로 희생하여 자기 욕망이나 공명심을 죽이고, 그리스도의 뜻과 헌신, 그리고 무조건적인 사랑으로 다시 태어나야 한다. 이로써 기도와 활동은 다 같이 결국 "우리가 원하지 않는 곳으로 데려가는"(요한 21,18 참조) 요소가 된다. 그들의 기도는 생활화되고, 그들의 생활은 곧 기도가 되어 버린다.

그리스도교가 지니는 신비적인 성격은 자선 행위를 통해서 그 면목을 발휘한다. 부이에 신부는 그의 저서 《수도 생활의 의미》 속에서 "세상에서 멀리 떠난 수도 생활이라는 형식을 취하고 있지만, 그 생활의 목적은 정신적으로 아버지라고 생각하는 데서 이루어진다고 생각한다."라고 하였다. 예언적 성격은 신비적 성격과 대립되고 있다. 이 예언적 성격을 토대로 하느님이 성취해야 할 사회 정의가 존재한다고 할 수 있다. 그러므로 이 예언적 성격은 훌륭한 활동이다. 그것은 영감에서 솟아 나오며, 하느님과의 직접적인 친교에서 나오는 것이다. 더욱이 이 예언적 성격의 목표는 '관상에 열중하여 달콤한 한 순간'을 맛보는 것이 아니라, 이 '관상'이 다른 이에게 유익을 주는 데 있다.

기도는 우리 각자를 예언자가 되게 한다. 기도한다는 것은 세상을 구원하기 위한 하느님의 계획과, 그 계획을 실현시키기 위해 함께 일해 주기를 바라는 하느님의 청을 받아들이는 것이다. 끊임없이 역사하시는 그 하느님이 어떻게 고요한 예배를 받는 것만으로 만족하시겠는가? 하느님은 우리가 당신을 관상하기를 바라지 않으시고 당신과 같이 되기를 원하신다.

그리하여 우리는 이냐시오 성인이 활동적 수도회를 창립해 개혁적인 채찍을 들고 중세기 수도 생활 전반의 기초이며 중심이었던 공동 시간 전례를 대담하게 폐지한 것을 칭찬해야 한다. 하느님이 필요로 하시는 사람은 하느님에 대해 '사색하는' 사람들, '주님, 주님' 하고 부르는(혹은 노래하는) 사람들이 아니라, 하느님의 뜻을 실천하는 사람들, 하느님과 함께 일하는 사람들임을 이냐시오 성인은 간파했던 것이다.

하느님이 무엇을 원하신다고 생각하는가? 숭배자인가? 협력자인가? 결혼을 생각해 보면 알기 쉬울 것이다. 만일 결혼한다면 숭배자인 남성이나 여성을 피하는 것이 좋을 것이다. 숭배자와 해 나가는 결혼 생활은 잠시 동안은 좋겠지만, 곧 변화가 없는 것이 되고 말 것이다. 결혼하려면 무엇인가 창조적인 일을 하는 사람, 가정을 건설하는 사람을 선택하는 것이 좋다. 물론 당신들은 감사 예식을 거행하기 위해, 그리고 함께 살고 함께 일하는 것을 즐기기 위해 때때로 한숨을 돌릴 필요가 있을 것이다. 또 서로 교환한 약속이나 둘이서 세운 계획을 상기하기 위해 단둘이서만 이야기할 시간을 갖는 일도 있으리라. 그러나 그렇다 할지라도 1년 내내 서로 상대방만을 잠자코 바라보고만 있을 수는 없지 않겠는가?

관상가가 어떤 사람인지 알고 있는가? 트라피스트 수도원에 처음 들어갔을 때, 나는 수도자들이 모두 하늘을 쳐다보며 탈혼 상태에 빠져 희열에 잠겨 있을 것이라고 생각했다. 그러나 그들의 현실적인 생활을 보고 감탄했다. 참된 관상가는 참으로 하느님이 계시는 곳을 알아보는 데 명석한 분들이다. 그리고 우리 이웃 한 사람 한 사람에게서 하느님 모습을 보려면 아주 예리한 눈을 가져야 하며, 오랫동안 관상해야 한다. 그리스도교의 수도원은 동료가 서로 사랑하는 곳이며, 하느님에 대한 사랑을 형제애의 형태로 실천하는 곳이다. 또한 하느님의 본질을 터득한 많은 사람이 모여 있기 때문에 하느님의 현존을 보고 느낄 수 있는 것이다.

엄격한 계율을 지키는 치스터회의 한 친구가 아프리카의 트라피스트 수도원을 방문하고 돌아와 감격에 차서 나에게 이렇게 말했다.

"나는 수도원이 무엇 때문에 좋은지를 알았습니다."

그래서 나는 말했다.

"그렇군요! 그래, 무엇 때문인가요?"

그러자 그는 다음과 같이 말했다.

"거기는 정말 훌륭해요. 사방 400리(약 157킬로미터)의 주민 전부가 그 수도원에서 도움을 받아 살고 있더군요. 사람들은 수도원으로 농업, 독서, 재봉, 금속 세공, 간호법, 기도를 배우러 찾아와요. 그러나 그 때문에 수도자들의 기도가 방해될 거라고는 생각하지 마십시오. 오히려 그 반대입니다. 그들은 그 지역의 혼이며, 그 점에 진정으로 정신적인 책임을 느끼고 있어요. 그들은 그것 때문에 기도한다고 합니다."

그리고 다시 덧붙여 말했다.

"그런데 우리는 여기에서 틀에 짜인 것만 하고 있으며, 아무에게도 무언가를 가르쳐 주지 않고 있어요."

유럽의 수도자들은 몇 세기 동안 서구 문명을 창조해 왔다. 그들은 현재 자기들이 개발 도상 국가에서 하는 일을 유럽에서 했던 것이다. 그런데 왜 그들은 유럽에서 자신들의 일을 계속하지 못했을까? 무엇이 그들을 문명의 선구자의 자리에서 박물관의 유물이나 고고학자와 같은 존재로 만들었을까? 그것은 그들이 관상한다는 그 천직과 아무 관계 없는 일(다만 그들이 그러한 천직에 보다 충실하지 않았다는 것) 때문일 것이다.

샤를 드 푸코 성인의 형제회에서 피정할 때, 6일간 계속 성체를 현시하고 여섯 명씩 교대로 밤낮 기도했다. 마지막 날에 나는 다음과 같은 말을 했다.

"여러분은 이 성체를 하느님이 여러분 안에서 사랑을 바치시고 봉사하시는 모습이 부단히 현존하시는 것으로 조배했습니다. 나는 여러분이 이 성체로써 가득 채워질 정도로 충분히 그에 대해 묵상했으리라 생각합니다."

숨을 한 번 들이마시고 말을 이었다.

"지금부터 나는 이 성체를 될 수 있는 한 많은 조각으로 나누어, 최후의 미사 때 여러분에게 드리겠습니다. 그 새로운 거처의 깊은 데까지 들어가실 수 있도록 이 성체에 대해서 성실하고 깊이 묵상하셨습니까? 이 성체는 성체 현시대 안에 가만히 있기를 원하지 않습니다. 그리스도는 여러분의 형제들 안에 들어가기를 원하고 계십니다. 여러분의 사랑과 존경은, 거기까지 그분을 따라갈 수 있을까요? 아무 말씀도 없이, 아무것도 하시지 않고 거기에 놓여 있는 그분을 예배하는 것은 쉬운 일입니다. 그러나 그리스도가 여러분의 남편, 아내, 자녀, 친척, 이웃들 안에 강생(육화)하셔도 역시 그분을 예배할 수 있으시겠습니까?"

그리고 마지막으로 이렇게 말했다.

"그리스도는 부당하고 무리하게 금이나 은그릇에 강제로 넣어지기를 원하지 않으시고, 죄인들 안에 살기를 좋아하십니다. 그리고 여러분 모두가 자기 안에 계시는 그리스도를 이웃들이 예배할 수 있을 정도로 죄인이 되어 있는지 아닌지는 하느님이 알고 계십니다."

실천 없는 기도는 하느님을 하느님답지 못한 것으로 바꾸어 버린다. 그와 마찬가지로 인간의 지위도 추락시킨다. 자기가 해야 할 일을 교묘하게도 하느님더러 해 달라고 하는 기도는 책임 회피, 무위무책, 방종의 결과를 초래한다.

캐나다에서 어느 소아마비 환자에게 아주 교훈적인 말을 들었다. 그는 이렇게 말했다. "나는 여섯 살 때부터 계속 아팠습니다. 부모님은 이 근처의 마을 사람들처럼 그리스도인입니다. 그분들은 한 달에 한두 번씩 나를 성지 순례에 데려갔지요. 나를 고칠 수 있는 분은 하느님뿐이며, 나를 구할 수 있는 것은 기적밖에 없다고 말했습니다. 내 인생이 어떠했는지 좀 생각해 보십시오. 매번 허무한 희망과 기대를 가졌다가 실망을 안고 돌아왔습니다. 그러나 매번 집에 돌아오자마자 부모님은 다음 순례 계획을 세웠습니다."

오랜 세월 이 소년은 어른이 되는 데 방해를 받았고, 자기 병에 대한 책임을 짊어지지 않도록 강요되었다. 그는 다시 이렇게 말했다.

"내가 16세가 되었을 때, 더 이상 그런 일을 견딜 수 없게 되었습니다. 부모님에게도 하느님에게도 반항했습니다. 이젠 더 이상 신앙이라든가 기도나 종교 같은 것에 대해 아무 말도 듣고 싶지 않았습니다. 그래서 공부에만 열중하기 시작했습니다. 열심히 공부해 대학을 졸업했습니다. 직장을 얻었습니다. 지금은 25세가 되었으며, 종교에 대한 견해를 달리하고 다시 신앙을 찾았습니다. 지금 내 신앙은 나를 어린이로 머물러 있도록 하는 그런 신앙은 아닙니다. 지금은 어른으로서의 신앙을 찾았습니다."

우리가 무엇을 청하는 하느님은 우리에게 그것을 이룩할 것을 부탁하신다. 우리가 하느님에게 무엇을 받을 때에도, 하느님은 우리에게 의탁하시어 그것을 다른 사람에게 베풀어 주기를 바라신다. 만일 다른 이가 하느님의 선물을 거절했을 때, 그것을 그들이 받아들이도록 하는 일은 우리만이 할 수 있는 일이기 때문이다.

기도가 활동에 의해 자라지 않는다면 한없이 신비화되어 가고 만다. 누가 "당신을 위해 기도합니다." 하고 말해도, 그것은 당신을 위해서 아무것도 해 주는 것이 없다는 말과 동일하다. 왜냐하면 그는 당신의 일을 아무것도 도울 수 없다고 생각하고는 오직 하느님의 손에 맡기겠다는 생각을 갖고 있기 때문이다. 그런데 미안하지만 하느님이 갖고 계시는 유일한 손은 바로 우리의 손일 뿐이다.

옛날 프랑스의 식사 전 기도문에 이런 것이 있었다.

"주님, 우리를 축복해 주소서. 이 식사를, 우리를 환영해 주는 이 식탁을 축복해 주소서. 굶주린 자에게 빵을 주소서. 아멘."

바꾸어 말하면, 이것은 "나는 식탁에 앉아 있습니다. 내 것은 내가 마련했습니다. 주님, 다른 이의 식사는 당신이 마련해 주십시오." 하는 말과 같다. "각자는 자기 것을, 하느님은 모든 이의 것을 마련하신다."라는 말이다.

위의 "우리를 환영해 주는 이 식탁"이라는 말은 나중에 "이것을 마련해 주신 분들"이라고 바꾸었다. "굶주린 자에게 빵을 주소서."라는 말은 "굶주린 자에게 나누어 줄 빵을 우리에게 주소서."라는 말로 바꾸었다. 나는 오히려 "당신은 당신의 빵을 우리에게 충분히 나누어 주셨으니, 우리도 우리의 빵을 다른 이와 나누어 먹기를 원하며, 때로는 그런 용기까지도 갖게 되었습니다."

라고 기도할 것을 제안한다. "아멘(그대로 이루어지소서)."도 힘없고 맥 빠지는 말이다. 차라리 "정말 그렇습니다.", "우리는 그것을 실천하겠습니다.", "우리는 그것을 실천하려 합니다."라는 말로 바꾸어야 할 것이다. 이처럼 그리스도교적인 기도를 하는 것은 쉬운 일이 아니다.

현대인은 자기가 해야 할 일을 하느님에게 전가시키기를 몹시 싫어한다. 현대인을 위한 새로운 기도 방법이 나오지 않으면 그들은 앞으로 전혀 기도를 하지 않게 될지도 모른다. "비를 내려 주소서. 햇볕을 주소서." 하는 기도는 확실히 그리스–로마적인 기도가 아닐까? 당신은 진정 하느님이 기후를 좌우하신다고 생각하는가? 만일 하느님이 추위와 더위를 좌우하신다면 인간이 기후를 지배하게 될 때(언젠가는 분명 인간이 그것을 좌우하게 될 것이다) 하느님에 대한 생각은 어떻게 바뀔까?

어느 본당의 주임 신부와 일곱 살짜리 어린이의 대화를 들어 보자.

주임 신부   햇볕을 주시고 비를 내려 주시는 분은 하느님이시란다.
어린이   아니에요, 그건 우리 아빠예요.
주임 신부   어째서?

어린이   우리 아빠는 포도를 가꾸는데요, 우박이 내리려 할 때, 아빠가 구름에다 대고 대포를 쏘면 우박이 비가 되거든요.

이와 같이 비를 만드는 하느님은 인간이 진보하는 만큼 후퇴해 버린다. 우리는 자주 자기 아이들이 열여섯 살이 되기까지는 그들을 무신론자로 만들어 버리는 그런 교육 방법으로 신앙을 길러 주려 한다.

다른 예를 하나 더 들어 본다. 언제나 물이 부족한 산골에서 항상 주님 승천 대축일이 되면 3일간 간절히 기도했다. 비를 내려 달라고 말이다. 그런데 그 지역 당국에서 기술자를 파견해서 저수지를 만들었다. 지금은 동네 사람들이 언제나 물을 얻을 수 있기 때문에 주님 승천 대축일에 3일간 기도하는 데 참여하는 사람이 없어지고 말았다. 공사가 기도를 대체한 것이다.

이 이야기를 통해 말하고자 하는 바는 이것이다. 저수지의 댐 공사를 한 기술자들은 '기도'를 하지 않았다. 기도를 주관하는 자들은 댐 공사에 협력하지 않았다. 이는 둘 다 좋지 않은 일이다. 기도하는 자가 일하지 않을 때 일하는 자도 기도를 포기한다. 기도하는 것이 일을 하지 않아도 된다는 이유가 될 수 없고, 일하는 것이 기도를 하지 않아도 된다는 이유는 될 수 없다.

아무리 자주 기도해도 지나치다고는 할 수 없다. 그러나 기도하지 않았더라면 하느님이 주시지 않았을 것을 기도를 통해 청원했기 때문에 받는다, 이것이 기도의 뜻은 아니다. 나는 전에 토마스 아퀴나스 철학식으로 기도에 대해 다음과 같은 설명을 들은 적이 있다.

"물론 인간은 하느님을 변화시킬 수 없으며 영원한 법칙을 수정할 수도 없다. 그러나 하느님은 영원으로부터 기도하는 자에게 그의 은총을 주도록 배정하셨다." 원인이 있으면 결과가 따른다. 이 말은 하느님이 사탕을 인간에게 내밀면서 "두 손을 벌리고 애걸하는 난쟁이 흉내를 내어 보아라! 그러면 이 사탕을 줄 것이다."라고 하는 것과 같다. 그렇게 하는 것이 하느님의 '당연한 권리'라고 생각해 왔기 때문에, 인간은 오랫동안 난쟁이 흉내를 내야만 했다.

기도는 결코 그런 것이 아니다. 기도는 하느님이 그분의 힘과, 당신의 것인 창조하고 사랑하는 기쁨을 우리에게 나누어 주시고자 원하시는 것을, 우리가 그것을 받아들일 수 있도록 마음을 여는 것이다. 하느님은 영원으로부터 '당연한 권리'를 포기하시고 당신의 피조물인 인간에게 무한한 힘을 주셨다. 우리가 진정으로 구하는 것은 모두 얻을 것이며, 진심으로 사랑하는 것은 모두 구할 수 있을 것이고, 자기 마음을 열면 모든 것은 "신자의 마음속에 힘차게 솟아나는 샘물이 되는 생명의 물"처럼 우리 마음에 가득 차고 넘쳐흐르게 될 것이다.

너무 단순하면서도 널리 퍼져 있는 기도에 대한 사고방식은 이것이다. 은총을 받기 위해 기도하면 그 기도는 하느님에게 다다른다. 그러면 하느님은 하늘에서 어떤 은행 구좌 같은 것을 가지고 있다가 송금해 주신다. 따라서 그 금액이 지명된 수취인의 머리 위에 내려진다는 식이다.

그러나 기도는 버스를 멈추라고 운전기사에게 신호를 보내는 것처럼 하느님에게 무엇을 해 주십사 하고 동의를 요청하는 것이 아니다.

진정한 기도는 그렇게 구성되어 있지 않다. 당신과 하느님과 이웃의 관계는 그렇게 되어 있지 않다. 이 세상에 대한 연민과 사랑의 모든 것을 가지고 당신에게로 와서 문을 두드리시는 하느님, 그리고 이 사랑의 홍수를 당신이 수문을 열고 분출시켜야 하며, 그다음 분출시키지 않는 이웃들의 순서인 것이다. 즉 결정하는 것은 당신이다. '당신'이 '버스 운전기사'인 것이다. 당신이 하는 일, 당신이 개입하는 힘, 당신의 어떠한 상상도 능가한다. 즉 "너희가 겨자씨 한 알만 한 믿음이라도 있으면, 이 산더러 '여기서 저기로 옮겨 가라.' 하더라도 그대로 옮겨 갈 것이다."(마태 17,20)라는 말은 옳다. 하지만 이 구절을 "당신들에게 믿음이 있다면 하느님은 당신들이 원하는 곳으로 산을 옮겨 주실 것이다."라고 해석하는 것은 잘못이다.

능력을 가진 이는 당신이다. 당신이 원하는 것을 얻기 위해서는 하느님이 계신 곳을 통과해야 한다. 하느님이 원하시는 것을 얻으시려면 당신이 있는 곳을 통과해야 한다. 당신이 은총의 통로가 되지 않으면 은총은 이웃에게 도달하지 않는다. 당신이 먼저 변하지 않으면 이 세상을 변화시킬 수 없다. 기도의 가치를 따져 보라. 당신을 통하지 않고는 하느님은 하느님일 수 없다. 당신 없이는 하느님은 이 세상을 구원하실 수 없으시다.

옛날 생각이 확실히 편리하다. 하느님만 변해 주면 되었고 우리는 그대로 있기만 하면 좋았기 때문이다. 약간 신심 깊은 기도를 하기만 하면 우리는 이 세상의 구원자가 되어야 할 책임을 면제받을 수 있었다.

종교상의 크나큰 기만(순수하게 기도만 하면 실천하지 않아도 된다는 것)이 그것이다. 교회에는 순전히 정신적인 것이 하나도 없다. 교회가 존재하는 곳은 유물론의 차원도 아니고 관념론의 차원도 아니다. 교회는 성사의 차원에 존재한다. 그것은 은총이 육신이 되어 외적 표지를 통하여, 사람을 통하여 우리에게 부여되는 것을 의미한다. 그렇기 때문에 언뜻 보기에는 '순수한 기도'에 몸을 바치고 있는 관상 수도원에서도 전교 지방에 새로운 수도원을 설립하기를 좋아한다. 이론적으로 따진다면 그들은 그와 같이 옮겨 가는 데 노력과 비용을 들이지 않고도, 더 잘되지는 않겠지만 같은 정도의 기도는 할 수 있을 것이다. 그런데 그들은 하느님을 알지 못하는 사람들을 위해 성사, 즉 하느님 사랑의 외적 표지가 되고자 하는 본능적 충동을 느끼고 있는 것이다.

당신이 '누군가를 위해서 기도할' 때, 언제나 그 기도에서 최초로 생기는 결과는 밖에 나가 그 사람을 위해 자기가 할 수 있는 무엇인가를 찾는다는 것일 테다. 그리고 일단 당신이 그런 의향을 가지면 '항상 무엇인가 할 일이 있다'는 진리를 발견할 것이다. 그러나 생각을 하지 않는 신자들은 결코 그렇게 생각하지 않을 것이다.

기도에 관한 기만 때문에 아직도 미개척지로 남아 있는 저 광대한 지역을 답사하기 위해 나가 보자. 내가 지금 말하는 것에 대한 반응은 어디를 가나 마찬가지다. "당신이 말하는 것은 옳지만, 그 누구도 도와줄 수 없는 사람들이 항상 있는 법이니까요."라는 식으로 말한다. 그리고 나의 경험으로는 모범적인 신자도 이렇게 말한다.

"예를 들어 전쟁이 일어나는 나라 같은 경우가 그렇지요."

정말 누구도 도와줄 수 없을까? 잘 생각해 보라. 당신은 그에 대해 잘 알고 있는가? 관련된 잡지를 구독한 적이 있는가? 데모에 참가한 적이 있는가? 계몽 운동이나 서명 운동이나 모금 운동을 한 일이 있는가? 신문에 투고하거나 지방 자치회 의원이나 대사 등에게 편지를 보낸 일이 있는가? 바다에 돌멩이를 던지면 그 파문은 바다 전체에 퍼진다.

나는 은총을 전하기 위해서는 눈에 보이는 표지가 있어야 한다고 믿는다. 그리스도 신자의 사랑만이 사람들에 대한 하느님의 사랑을 믿게 할 수 있다. 교회가 빵을 나누어 주는 것만이 사람들에게 하느님의 빵이 존재한다는 것을 믿게 할 수 있을 것이다. 만일 당신의 기도가 예외 없이 모두 무엇인가 실천으로 옮겨진다면 이 세상의 모습은 달라질 것이다. 편지를 보내거나, 책을 보내 주거나, 전화를 걸어 주거나, 누구에게 전달하거나, 무엇인가 정보를 수집하거나, 또는 김 씨 혹은 박 씨와 연락을 취하거나 하는 활동을 한다면 말이다.

기도는 하느님이 우리 마음을 다른 사람들에게 열도록, 하느님에게 우리 마음을 여는 것을 뜻한다.

당신은 주님이 바리사이와 세리의 기도에 대해 비유로 하신 말씀을 생각해 본 적이 있는가? 바리사이는 확실히 하느님에게 감사했다. 그러나 자기가 단식 의무를 다한 것을 감사한 반면에, 자기에게 맡겨진 세리에게 자비를 가져야 한다는 보다 큰 감사의 기회를 거절했던 것이다. 그는 사랑할 가치가 없는 이웃들을 사랑하신다는 하느님의 뜻에 반대되는 행동을 하고 있다는 사실은 스스로 깨닫지 못하고 있었다. 바로 그 이유 때문에 자기에 대한 하느님의 자비를 느낄 수 없었고, 죄인에게 아무런 자비심도 느끼지 못했다. 그는 하느님에게 자기 마음을 열지 않았기 때문에 이웃에게 자기 마음을 열 수 없었던 것이다.

진정한 사랑은 활동 안에서 볼 수 있으며, 헌신적인 태도에서 나타난다. 그러나 진정한 사랑은 마음속에도 있는 법이다. 어느 사람의 일을 마음을 다해 생각하면 확실히 효과가 나타나기 때문이다. 기도한다는 것은 '어느 사람의 일을 애정을 가지고 생각하는 일'이기도 하다. 사랑은 그것이 연결시켜 주는 사람 사이에 '성도의 친교'(성인의 통공), 즉 직접적인 연결의 길을 만들어 낸다. 당신이 누군가를 애정을 가지고 생각하면 확실히 그 사람에게 영향을 끼친다. 만일 물리학자나 생물학자가 말할 법한 '지각知覺의 파장' 같은 것을 믿기를 원한다면 그것은 자유다.

내가 이렇게 말했다 해서 활동의 필요성을 부정하는 것이 아니다. 설령 성실한 사랑이 현실화하는 순간에는 그 자체가 활동한다 치더라도, 그것이 존재한다는 영예에 만족해 그러한 사랑을 헌신으로 밀고 가지 않는다면, 성실한 사랑도 더 이상 성실성이 지속되지 않을 것이다. 따라서 머지않아 아무런 영향도 미치지 못하는 것이 되고 말 것이다.

"기도는 모든 사도적 활동의 혼이다."라는 말은 고려해 봐야 한다. 첫째, 기도는 활동과 똑같이 완전히 활동적이다. 진심으로 상대방을 받아들이는 일처럼 활동적인 것은 없다는 사실을 인정한다면 그 이유는 명백해질 것이다. 둘째, 활동은 기도와 똑같이 완전히 하느님에게로 향하고 있으며 또한 상대방을 기꺼이 받아들이는 것이다. 사도적 활동의 혼이란 기도의 혼을 말한다. 즉 하느님이 사람을 사랑하시는 그 역사하심에 자신도 가담하는 것뿐이다.

오랫동안 이런 주장이 제기되었다. 하느님과의 일치는 기도와 성사를 통해서만 이룩되며, 사람은 이미 도달한 성화의 수준에 머무르도록 노력할 수 있을 뿐이라고 말이다. 그리스도 신자의 생애는 사람이 '자신을 움직이게 하는 건전지를 재충전시키는' 어느 특정한 때(묵상 기도 때나 피정 때)와, 그 건전지를 다 써 버렸을 때 그것을 갈아 넣는 것과 같은 것이라 생각했다. 팽창과 수축, 이것이 '이 세상'에서 우리를 기다리는 인생의 암담한 표현이었다.

그러나 실제로는 활동이 기도와 똑같이 영감에 의한 것이라면, 활동도 기도와 마찬가지로 성화의 수단이 될 수 있다. 현대의 영성을 논하기에는 현대인은 점점 '기도'에 전념할 시간을 잃어가고 있으며, '정해진 시간'에 기도하기 어려워지고 있다는 사실을 고려해야 한다. 우리는 어떻게 해서든 끊임없이 기도하는 것을 배워야 할 것이며, 또 '활동의 영성'을 몸에 지니도록 해야 한다. 사람과 이야기해야 한다면 언제나 잠시라도 성령에게 여쭈어 보고 하라. 당신은 알지 못하지만, 은총이 당신을 인도해 줄 것이다. 누가 질문할 때는 우선 나오려는 대답을 잠시 멈추었다가 기도하고 자기가 해야 할 말을 듣도록 하라. 말할 때야말로 듣는 방법을 알아야 한다. 누구와 만나려 할 때는 잠깐 기다렸다가 다른 한 분(주님)을 동반하고 가도록 하라.

당신이 하느님에게 받는 사랑의 숨결은 당신의 사랑의 갈망을 통해 측정할 수 있을 것이다. "맞는 말씀입니다. 그러나 내가 봤을 때 언제나 하느님께 기도한다고 하면서도, 사실상 기도하지 않는 사람들이 많이 있습니다."라고 말할지 모른다. 그에 대해서 다음과 같은 질문으로 답하려 한다. "그럼 그런 사람들은 자기 방법에 싫증이 난다고 아무 기도도 드리지 않는가?"

그러나 나는 항상 기도하기 때문에 때때로 전례나 예배 등으로 자신을 수련시킬 필요가 없다고 주장하지는 않는다. 기도한다는 것은 지도를 보는 것과 같다. 먼 곳으로 여행하면 할수록 그만큼 더 자주 지도를 보아야 한다. 확실히 당신의 목적은 여행하는 일이므로 지도 없이는 좋은 결과를 얻을 수 없다. 그런데 세상에는 "나는 여행하는 것을 매우 좋아한다. 그래서 자주 여행을 하지만 지도 같은 건 전혀 보지 않는다."라고 말하는 사람이 많이 있다. 그러나 그렇게 해서는 먼 곳까지 여행할 수 없다.

지도를 본다는 것은 무슨 뜻인가? 그것은 자기의 출발점과 행선지를 아는 것을 뜻한다. 그 이외에 지도의 의미는 없다. 기도하고자 원한다면 잠깐 다음과 같은 것들을 자신에게 물어보라. 누가 나를 이 세상에 보내 주셨는가? 누가 나를 인도하고 계신가? 누가 나에게 사랑의 숨결을 불어넣어 주며, 나를 길러 주고 나에게 생명을 주었으며, 나를 부활하게 할 것인가? 나를 보는 사람들은 나를 이 세상에 보내 주신 아버지를 볼 수 있을까? 아니면 단지 내 음울한 얼굴 또는 자만심에 가득 찬 얼굴만을 볼 것인가? 나는 어디로 가는가? 나는 만나는 사람들 안에서 무엇을 찾는가? 나와 함께한다는 것이 다른 사람들에게 무슨 의미가 있는가? 각 사람 안에 숨어 계시며, 그 안에서 자라나시도록 사랑을 받고자 원하시는 하느님을 볼 수 있을 정도의 신앙을 가지고 있는가?

당신은 하느님에게서 나와 하느님에게로 돌아간다. 예수님은 아버지가 모든 것을 자신에게 위탁하셨으며, 아버지에게서 나와 아버지에게로 돌아간다는 것을 알고 계셨다.

사람이 하느님에게서 나와 하느님에게로 돌아갈 때, 그 사람은 무엇을 할 것인가? 예수님은 수건을 허리에 차고 제자들의 발을 씻기셨다.

이것이 기도와 활동이 합치되는 점이다. 하느님으로 충만해져, 하느님이 침투하시고, 하느님의 숨결을 받을 때, 당신은 그리스도처럼 십자가를 향해서 나아갈 수 있다. 당신은 예수님이 하신 것과 같이 일하러 나가며, 이웃의 발을 씻어 주고, 구두를 닦아 주거나 음식을 만들어 주기도 한다. 즉 예수님이 즐겨 하셨던 일을 하게 된다. 당신은 이웃을 돕는 자가 된다.

"그럼 하루에 몇 번 지도를 보아야 할 것인가?" 하고 세상 사람들은 묻는다. 그러나 이 질문에 답은 없다. 그것은 오직 당신이 어떤 여행을 하느냐에 달려 있다. 고속도로를 달리고 있을 때(하느님이 언제나 현존하실 때)는 멈출 필요가 없다. 그러나 뒷골목으로 접어들었을 때는, 길을 잘못 들지 않았나 하고 계속 확인할 필요가 있다. 완전히 미로에 빠졌다고 느꼈을 때는 더욱 오래 지도를 보아야 한다. 그때는 30분 동안 지도를 보고서야 자기가 어디까지 왔는지를 겨우 발견할지도 모른다. 그럼 만일 지도가 없었다면 당신은 어디로 가 버렸겠는가?

성인들의 생애를 잘 보면 그들은 여정 맨 처음에는 지도를 보는 데 많은 시간을 소요한 후, 여행을 떠난 다음에는 지도를 볼 필요도 없이 긴 여행을 했음을 알 수 있다. 우리는 그들이 끝맺은 곳에서 거꾸로 출발해서는 안 된다.

현대인의 대부분은 합주에만 너무 열중한 나머지 제 악기의 음률을 맞출 여유를 갖지 못한 연주자와 같다. 그들은 자기들이 사람들을 기쁘게 해 주는 줄로 착각하고, 맞지도 않는 악기를 필사적으로 연주한다. 그러나 연주를 중지하고 잠시 퇴장했다가 악기의 음을 맞춘 다음 다시 나가 올바르게 연주할 용기와 수치심을 가질 필요가 있다.

기도한다는 것은 하느님의 말씀이 우리에게 닿았을 때 우리가 발하는 음향과 같은 것을 경청하는 것이다. 그것은 얼마나 약하며 희미하고 애매한 소리인가! 우리는 성령이라는 음차音叉를 가지고 나와, 어떻게 하면 명확하고 음률이 맞는 소리를 낼 수 있는지를 연습해야 한다(즉 자신의 악기를 조율하는 연습을 해야 한다). 그런 후에 연주회에 나와야만 한다. 그렇게 해야만 사람들은 진심으로 기뻐하며 우리의 음악에 귀를 기울여 줄 것이다.

'주님의 기도'에 담긴 의미

La prière
d'un femme moderne

"너희가 악해도 자녀들에게는 좋은 것을 줄 줄 알거든,
하늘에 계신 너희 아버지께서야 당신께 청하는 이들에게
좋은 것을 얼마나 더 많이 주시겠느냐?"(마태 7,11)

기도는 정해진 문구를
그저 암송하는 것이 아니다.

기도란 틀에 박힌 문구의 암송이 아니라 영감을 기쁘게 맞아들이는 것을 말한다. '기도는 외우는 것'으로 알고 있으면 기도의 본질을 망각하는 것이다. 남의 말을 들을 줄 모르는 사람은 기도할 수 없다. 기도는 우리가 하느님의 음성을 들을 수 있을 때까지 참을성 있게 기다리는 것이다. 마치 물이 고요할 때는 투명해지는 것과 같이, 우리도 고요하게 있을 때는 명확하게 사물을 볼 수 있다. 아주 고요한 물은 가느다란 미풍에도 솔직하게 움직일 수 있다.

모든 성사와 그리스도인의 전 생애가 그러하듯이, 기도도 우리가 그리스도의 죽음과 부활에 참여하는 것이다. 우리는 일단 정신적으로 죽고, 자기의 위치, 충동, 사고방식 등에 대한 관심을 없애고, 거기서부터 출발하여 하느님의 뜻에 따라 구원 계획에 참여하며, 참을성 있는 하느님의 사랑을 우리의 것으로 삼아야 한다. 죽기에는 오랜 시간이 걸리고, 또 그것은 괴로운 일이다. 다시 살아 나가기 위해서도 오랜 시간이 걸리며, 역시 괴로운 일이다.

그리스도는 겟세마니에서 기도하실 때 "제가 원하는 대로 하지 마시고 아버지께서 원하시는 대로 하십시오."(마태 26,39)라는 한마디 바람을 말씀하시는 데만 꼬박 '하룻밤'을 소비하셨다. 그런데 우리는 주님의 기도 전부를 단숨에 외워 버린다. 이는 앞에서 말한 바와 같이 정신적으로 죽고 성령 안에서 다시 태어난다는 일을 하지 않고 '주님의 기도'를 외웠음을 뜻한다. 그것은 곧 그리스도교적인 허식虛飾하에 기도를 외우는 것과 같다. 우리는 마치 이러한 의미로 외우고 있는지도 모른다.

우리 아버지, 그대로 하늘에 계셔 주십시오. 제발 우리 일에 너무 간섭하지 마시고 못 본 체하십시오. 우리가 우리의 행동을 제어하는 한 안심할 수 있습니다. 그러나 그것을 당신이 제어하신다면 어디로 우리를 데리고 가실지, 우리는 아무도 알지 못합니다.

우리 이름, 또는 적어도 우리 가족, 내가 속한 단체의 이름이 빛나고, 사람들에게 알려져 존경받을 수 있도록 해 주소서.

나의 나라가 임하여, 나의 권력이 확장되고, 나의 소유물이 많아지게 하소서. 그리고 무엇보다도 만사가 내 뜻대로 되게 하소서. 내가 달리 무엇을 구하겠습니까?

나는 빵을 내 돈으로 살 수 있고, 또 창고나 냉장고에 이미 보관된 것도 있으니 걱정 없습니다. 그렇지만 주님, 당신이 내 빵에 약간의 잼을 발라 맛을 돋워 주신다면 놀랄 것입니다. 그런 일이 있다 할지라도 거절하진 않겠습니다. 또 당연한 일이지만 중요한 일을 할 때 나는 나만을 믿습니다. 그 누구도 중요한 일이 생겼을 때 무책임하게 말만 하고 있을 수는 없기 때문입니다.

나는 내 행위의 대가로 당신의 용서를 받을 수 있게 되기를 바라오며, 또한 당신의 용서를 받을 수 있도록 타인의 잘못을 용서합니다. 제발 너무 많은 시련이나 재앙을 주지 마시고, 우리를 원수의 손에서 구하소서. 부탁입니다.

우리는 몇 초도 되지 않는 시간 동안 재빨리 이러한 내용을 외우는 것이다. 주님의 기도를 그 내용에 알맞게, 그리스도의 영이 이끌어 주는 대로, 전심전력을 기울여 바치기 위해서는 시간이 걸린다. 현대인을 위한 기도를 발견하는 것, 즉 그리스도가 오늘날에 오셔서 우리에게 가르쳐 주실 그러한 '주님의 기도'를 배우자. 그것이 가장 급한 일이다.

이 '주님의 기도'는 본질은 옛날과 똑같지만 현재의 표현으로는 이해하는 것이 매우 달라져 있으므로, 우리는 그것이 진정한 '주님의 기도'임을 알지 못한다. 마치 그리스도와 동시대 사람들이 그분의 가르침과 자기들이 그 시대 사람들에게서 배운 것을 조화시키는 데 많이 힘들어했던 것과 같은 것이다. 그리스도가 오늘날 계셨다면 어떻게 복음(2천 년 전과는 전혀 다른 표현을 사용했을 것이나 그 본질은 똑같은 복음)을 선포하셨을지 발견하는 것이 오늘날 복음 전도에서 필수적인 조건이다.

'주님의 기도'에 이런 문제가 있는데도 그대로 내버려 둔 채, 우리는 항상 "주님의 기도는 가장 신성하고 가장 중요한 기도다."라는 말을 듣는다. 그러나 철학자 모리스 블롱델이 현대 사상이 요구하는 것에 대한 서간에서 말하고 있듯이 "오늘날 우리가 문자상에서 500년 전과 똑같이 생각한다는 것은, 500년 전과는 다른 정신으로 생각한다는 것을 의미"한다. '주님의 기도'는 여러 번 번역되면서도 "저희를 유혹에 빠지지 않게 하소서."라는 말이 진정으로 실감나게 실질적인 '번역'이 되지 못한 채, 되풀이해서 오랜 세월 동안 지속되어 오고 있다. 그것은 500년은커녕, 2천 년이나 지속되어 오고 있다.*

그 결과는 어떠한가? 현재 우리가 가르치는 그런 방식으로 가르친다면 무슨 기쁨으로 '주님의 기도'를 바칠 수 있겠는가? 그런 어린이가 한 사람이라도 있단 말인가? 현재까지 변경되지 않고 전해 오는 표현법은 우리를 '주님의 기도'에서 멀어지게 한다. 그 표현법은 하느님에 관해서도 그릇되게 가르치고 있으므로, 마디마다 마음속으로 고쳐 가며 바쳐야 한다. 우리는 기도한 그대로 믿는다. 우리가 어린이에게 가르치는 최초의 기도는 그들에게 하느님에 대한 사고방식을 결정지어 줄 것이다. 그리고 어린이들의 인격 형성 초기에 시행되는 종교 교육이 실패한다면 다시 되돌리기 힘들다.

:: 우리 아버지

종교는 우리를 유치하게 만드는 것일까? 우리 그리스도 신자는 아버지라는 분, 더군다나 전능하신 아버지를 가지고 있어서 평생 미성년일 것을 강요당하는 것이 아닐까? 아버지의 지식은

---

* 한국어 번역을 말하는 것이 아니다.

우리의 무지를, 아버지의 강함은 우리의 약함을 보충해 주신다. 우리는 '우리보다 우리를 더 잘 아시는 아버지', '그분 없이는 아무것도 할 수 없는, 우리에게는 불가결한 존재이신 아버지'를 믿고 있으므로, 어리고 무지한 채 수동적으로 있을 수 있다. 만일 인간이 스스로 위대해지면 하느님은 그를 하위로 격하시킨다. 그러나 인간이 스스로 겸손하면 하느님은 그의 지위를 높여 주신다. 즉 어떤 수입을 얻으면 바보인 척해야 한다는 것과 같다.

물론 이 아버지와 아들의 문제는 그리스도 신자에 한정된 것은 아니다. 인간은 모두 아버지가 되기 전에는 아들이므로, 모든 사람이 그것을 해결하려고 노력한다. 인간은 아버지가 되기 위해서 먼저 아들이라는 자리를 버려야만 하는 것일까? 미성년에 종지부를 찍기 위해서는 우선 그의 아버지를 부정하고 죽여야 할 것인가(오이디푸스 콤플렉스)? 심리학자는 미성년기에 있는 사람은 그의 부친에 대한 병적인 애착에서 생기는 난점과 충돌이 심하다고 한다.

그럼 어떠한 조건을 충족시켜야 자녀로서 아버지에 대한 애정과 존경심을 계속 가지면서 어른이 될 수 있는 것일까?

첫째, 사람은 그의 부친에게 아무것도 기대하지 않게 되었을 때에야 비로소 그의 부친과 마주하는 어른이 된다. "뭐라고요?

당신은 우리가 하느님에게서 아무것도 기대하지 말아야 한다는 겁니까?"라고 묻는 사람이 있을지도 모른다.

그렇다. 다른 사람에게 '선물'을 기대하지 말 것. '사람'에게 기대하지 말 것. 그리고 '하느님은 우리를 통해서만 우리의 바람을 들어주신다는 것'을 인식할 것. 이것만이 어른의 태도일 것이다.

둘째, 사람은 부친이 모든 것을 이미 자기에게 다 주었음을 알았을 때 어른이 된다.

진정한 부친은 자녀에게 자유를 부여한다. 그리고 자녀를 복종시킬 그 어떠한 것도 자기 안에 숨겨 두지 않는다. 그는 많은 것을 자녀에게 내주었기 때문에 이제는 자녀들이 아버지가 될 수 있도록 제 품에서 떠나보낸다.

타인에게 의존한다는 것은 항상 초조함과 불안, 격심하게 따지고 드는 태도를 자아낸다. 사람은 자유로울 때 진정으로 사랑할 수 있다. 당신의 어버이를 생각해 보라. 당신과 어버이와 맺는 관계는 부모가 당신에게 줄 것을 충분히 내주어 자유롭게 해 주었을 때 비로소 마음이 편해진다. 그렇게 되면 당신은 기쁨과 감사하는 마음을 가지고 부모에게로 되돌아갈 수도 있고, 그들에게 유익한 조언을 구할 수도 있다. 또한 자기가 얼마만큼 능력이 있는지 늘 인식하게 되어 부모가 얼마나 큰일을 자기에게 해 주었는지를 날이 갈수록 깊이 알게 된다.

하느님은 우리를 자유로운 자가 되게 해 주셨다. 하느님이 우리 아버지라고 믿는 이유가 여기에 있다. 따라서 진정 어른답고 진정 자녀로서의 충실한 기도에는 두 가지 면이 있다.

첫째는 감사다. 우리가 받은 모든 것을 알고, 즉 '아버지의 것은 모두 내 것'임을 알고, 그에 대한 기쁨과 긍지와 확신을 말하는 것이다.

그리스도 신자의 기도는 하느님이 우리에게 주신 그 풍성한 것들에 대해 항상 회상하고, 명확히 알아내어 열거하며, 무엇을 받았는지 언제나 인식하고 감사하는 것이다. 자기가 얼마나 큰 특권을 부여받았는지 인식하는 것. 아버지의 다정하심과 넓은 마음을 자기 마음에 깊이 새길 것. 자기 자신에 대해 확신을 가지는 것과 비길 수 없을 정도인 하느님에 대해 확신을 가질 것. 이러한 일들은 매우 중요하다.

둘째는 헌신이다. 사람은 모든 것을 받았을 때, 자신이 타인에게 줄 차례가 온다. 부친은 부성이라는 선물을 부여한다. 하느님은 우리에게 신성이라는 선물을 주신다. 그분이 우리에게 주신 것을 다른 사람들에게 줄 수 있도록 선물을 부여하시는 것이다.

따라서 '주님의 기도'는 우리를 위한 하느님의 계획을 다시 한

번 기억하는 것과 그 계획을 인간이 어떻게 스스로를 헌신함으로써 실천해 가느냐 하는 것, 이 두 가지 성격이 있다고 생각한다.

:: 하늘에 계신 분

어린이들은 이런 말을 들으면 의심을 갖게 된다. 우리는 이미 귀에 익숙해져 자극을 받지 않아 아무런 저항도 느끼지 않을지 모르나, 순수한 마음을 가진 사람들의 마음은 이러한 말을 들으면 즉시 멀어져 간다. 오늘날 하느님은 하늘에 계신다고 하면 하느님에게서 자격을 박탈해 버리는 것이 된다. 프랑스의 시인인 자크 프레베르도 이렇게 조소했다.

"하늘에 계신 우리 아버지, 거기에 그대로 머물러 계십시오."

그것은 하느님이 인간과 왕래를 끊어 버려 이미 인간에게 하느님은 아무런 관심의 대상도 아니라는 것을 의미한다. 하느님이 밑바닥에 있는 이 세상의 우리에게서 이미 멀리 떨어져서 하늘 높은 곳에 앉아 곰곰이 생각해 보니, 인간을 창조한 것은 잘못이었다고 후회하며, 이제는 인간이라는 것들에 대해 신물이 날 정도니까 말이다.

우리가 마음에 그리는 하느님의 모습은 시대에 뒤떨어진 것이다. 우주비행사 유리 가가린이 이런 말을 했다.

"나는 하늘에서 하느님을 보지 못했다."

지나치게 단순한 발언이라 신학자들은 웃어넘길지 모르나 실은 오늘날 어떤 어린이가 자연스럽게 증명해 낸 말이다. 아빠가 죽었을 때 그 어린이에게 "아빠는 하늘에 계셔."라고 말했다. 그러니까 그 어린이가 고개를 갸우뚱하면서 아주 이상하다는 듯이 "비행기를 타고요?" 하고 반문했다는 것이다.

'하늘에 계신 분'이라는 말은 의미가 없는 말은 아니다. 그것은 그리스도가 말씀하신 것과는 정반대인 것이다. 셈족族의 사고방식으로는 하느님을 하늘에 안치시키는 것이 가까이 계심을 생각하도록 하는 방법이었다. 그런데 현대인의 사고방식으로는 하늘이 먼 곳을 나타낸다.

셈족의 입장에서는 인류 전체를 바라보려면 하느님은 높은 곳에 계셔야만 했다. 하느님이 땅 위에 계신다면 그 주위에 있는 사람들에게만 마음을 쓸 수밖에 없기 때문이다. 우리가 나무 하나하나를 보고 있으면 숲 전체를 보지 못하듯이 하느님도 개개인의 사람을 보고 계신다면 모든 사람을 보지 못할 것이라 생각했던 것이다. 우리를 돌보기 위해서 하느님은 높은 데서 우리 전체를 바라보셔야만 했다. 즉 이 땅 위에 계시기 위해서 하느님은 높은 하늘에 자리 잡고 계셔야만 했던 것이다.

그런데 오늘날 우리에게 정신적인 현존성은 시간과 공간을 초월해야만 한다. 나는 지하철에서 팔꿈치로 나를 밀어 내는 사람들과 함께 있기보다는 오히려 내가 사랑하는 사람들이 있는 곳에 현존하고 있다. 오늘날은 하늘 위의 하느님을 올려다보지 않아도 우리 한 사람 한 사람과 함께 계셔 주신다.

따라서 그 번역은 '우리와 함께 계시는 우리 아버지'라고 해야 할지 모른다. 이렇게 수정하는 것은 아주 중대한 일이다. 신학자들은 현명하게도 틀에 박힌 문구 하나하나에서 올바른 의미를 찾아내어 읽어 가면서 필요한 수정을 해 간다. 아마 당신도 그렇게 할 것이다.

당신이 말하는 것과 생각하는 것이 다르다 할지라도 당신의 아이들에게는 당신이 생각하는 바를 그대로 말해 주는 편이 좋을 것이다. 그들은 아직 말이라는 것을 자기가 말하는 그대로를 나타내는 것이라 해석하며, 또한 그것은 자기가 말하고자 하는 것을 표현하는 신호라 생각하기 때문이다.

성사는 눈에 보이지 않는 은총이 현실적인 형태를 취하는 표지다. 그런데 오늘날에는 완전히 그 의미가 희박해졌으며 또 아주 막연해졌다. 우리가 성사를 이해하는 데는 주석, 설명, 역사적인 조사가 필요하다. 또 '종교적인' 용어를 보면 그 어느 것을 보든 일반인은 이해하기 어렵다. 그래서 그들은 '종교 용어는 모두가 보통 사용하는 뜻과는 전혀 다른, 무엇인가 특별한 의미를 지니고 있을 것이다.'라고 미리 짐작해 버리고 마는 상태다.

우리가 사물을 솔직히 말하게 될 때는 언제일까? 말이나 성사, 그리고 각 시대의 전통이나 교회 자체를 이해하기 쉽게 될 때는 언제일까?

하느님이 살고 계시는 유일한 장소는 사람이라는 것을, 하늘도 아니고 다른 별천지도 아니며, 미래의 생명도 아니고, 유일하시고 진실하신 하느님과 그 하느님이 보내신 영원한 생명이 있을 뿐임을(요한 17,3 참조) 공언하는 것은 중요한 일이 아니겠는가? 하느님이 이 세상에 오시어 이곳에서 떠나신 일은 없으셨다. 영원히 우리와 함께 계신다. 하느님은 교육을 잘못 받은 어린이가 생각하는 것처럼 하늘이나 교회의 건물 안에 사시지 않는다. 그분이 직접 실제의 집을 우리 안에 정하셨기 때문이다.

아빠를 잃은 그 어린이에게 아빠는 하느님과 함께 하늘에서 행복하게 계신다고 말하는 것은 아무렇지도 않은 일일까? 그들에게 기쁜 소식을 말해 주는 것이 더 중요하지 않을까?

그리스도는 우리가 버림받은 '고아들'처럼 생각하지 않도록 하기 위해 우리에게로 되돌아오셨다. 설령 세상 사람들이 그분을 보지 못할지라도, 그리스도는 우리 안에 살고 계신다. 그래서 우리는 그분을 볼 수 있고 우리도 살고 있다(요한 14,18-19 참조). 그러니 어린이의 아빠도 예수님과 마찬가지로 아이를 버리지 않았을 뿐 아니라 그리스도와 함께 계신다. 또한 그리스도는 중재자로서 우리를 위해 항상 살아 계신다(히브 7,25 참조). 우리는 그리스도와 친교를 하면서 그리스도와 똑같은 생애를 보내는 모든 사람들과 결합되어 있으므로, 아빠를 잃은 아이도 영성체를 할 때마다 아빠를 볼 수 있을 것이라는 점을 거듭 말해 주는 게 좋을 것이다.

그다음에 세 개의 구절이 계속된다. 이것은 요청이 아니라 바람이라는 것을 그다지 많이 말하지 않고 있다. 그러나 바람이라 할지라도, 누가 그것을 이루어 주는 것일까? 하느님인가, 당신인가? 문제는 하나다. 당신의 신앙은 한숨을 쉬며 기다리는 신앙인가? 아니면 자기가 하느님의 계획을 완수시킬 책임을 진다는 헌신의 신앙인가?

잘못된 것은 누구란 말인가? 상대방의 기대에 어긋나는 것은 누구인가? 하느님인가, 당신인가?

:: 아버지의 이름이 거룩히 빛나시며

당신은 정말 아버지의 이름이 거룩히 빛나도록 해 주소서, 하고 하느님에게 바랄 셈인가? 하느님은 아직도 그렇게 안 하신다고 생각하는가? 그렇지 않으면 그렇게 하셨다 할지라도 당신이 바랄 때, 하느님은 그 이름을 보다 더 빛나게 해 주시리라 생각하는가?

하느님은 당신 이름이 거룩히 빛나도록 하셨다. 당신의 본질을 계시하셨다. 그 본질은 바로 사랑이다. 아무도 하느님의 본질을 하느님이 하신 것처럼 완전하게 인간에게 인식시킬 수는 없다. 또 하느님도 그 이름을 그 이상 거룩히 빛나게 하시지는 않을 것이다. 아버지는 저 십자가상에서 나체로 계신다.

"나를 본 사람은 곧 아버지를 뵌 것이다."(요한 14,9)

그리스도는 이렇게 말씀하셨다. 누가 아드님에게 그처럼 사람들을 사랑하실 것을 가르치셨던 것일까?

아버지시다. 그리고 아드님만이 "아버지께서 내 안에 계시면서 당신의 일을 하시는 것이다."(요한 14,10 참조)라고 말하실 수 있을 정도로 충실하게 아버지가 말씀하시는 것을 경청하셨다.

> "이제 사람의 아들이 영광스럽게 되었고, 또 사람의 아들을 통하여 하느님께서도 영광스럽게 되셨다."(요한 13,31)

수난 전에 그리스도는 이렇게 말씀하셨다. 하느님이 당신의 본질을 계시하시고 그것을 거룩히 빛나게 하신 것은 십자가상에서였던 것이다. 만일 하느님의 사랑이 새롭게 혹은 보다 낫게 계시되기를 기다린다면, 당신은 지금 아직도 영광의 구세주를 기다리는 구약 시대로 되돌아가는 것이 된다.

그래서는 안 된다. 남겨져 있는 일, 해야 할 일은 단 한 가지뿐이다. 이 사랑의 계시를 완성시키며 기쁜 소식을 널리 전파하는 일이다. 우리가 하느님의 사랑을 세상 사람들에게 알려야 한다. 모든 사람을 형제자매로 여기면서 말이다. 다른 사람들은 우리가 어떻게 사람들을 사랑하는지를 보면서 그 사랑을 우리에게 가르쳐 주신 아버지를 볼 것이며, 아버지가 어떠한 분이신지 알게 될 것이다.

:: 아버지의 나라가 오시며

하느님 나라가 오기를 기다린다면 언제까지나 기다리기만 해야 할 것이다. 그 나라는 이미 와 있으며 '우리 가운데에'(루카

17,20-21 참조) 있기 때문이다.

유다인이 오늘날에도 계속 구세주를 기다리는 것을 비웃는 그리스도인들이 있다. 그들이 6일간의 전쟁으로 예루살렘을 점령한 후 어느 신문은 "유다인은 통곡의 벽에서 환희에 목메어 울었다."라고 보도했다. 그러나 그리스도인들도 '눈물의 골짜기'에 있다고들 말한다. 그렇다면 과연 유다인들보다 얼마나 더 행복하다는 것인가?

하느님의 나라는 우리 안에 있다. 누가 그것을 넓힐 수가 있단 말인가? 하느님일까? 그렇다면 하느님은 비난받아도 할 말이 없으실 것이다. 당신은 하느님에게 기도하여 하느님이 나쁜 점을 고치게 하고, 그분이 해야 할 의무를 상기시키려는 것인가. 그렇지는 않을 것이다. 하느님은 당신이 거처할 장막을 우리 안에 지으셨다. 그것은 모든 씨앗 중에서 가장 작은 겨자씨처럼, 처음에는 눈에 잘 띄지 않지만 이윽고 하늘을 나는 새들을 보호할 수 있을 정도로 큰 나무로 성장해 갈 것이다. 그럼 그 나무는 어떻게 자라나는 것일까? 나는 알고 있다. 당신도 알고 있다. 말할 것도 없이 우리를 통해서, 우리의 노력을 통해서 자라나는 것이다.

우리는 옛날 왕국에서나 쓰던 용어를 버리고, 교회 용어나 기도의 말들을 바꾸어야만 한다. '황공하옵고' '-이로소이다.' '보좌,

왕좌, 옥좌' 등이 그것이다. 심지어 성모 마리아에게도 '모후'라는 말을 사용한다.

그러나 그리스도는 "나는 너희를 더 이상 종이라고 부르지 않는다. 나는 너희를 친구라고 불렀다."(요한 15,15 참조) 하고 말씀하셨다. 우리는 성서를 기반으로 한 전통을 가지고 있다. 그리고 거기에서 도망칠 수 없다고 생각한다. 그에 더해 플라톤 철학, 아리스토텔레스 철학, 로마 제국, 콘스탄티누스 대제, 봉건 시대, 절대 왕정 시대의 전통을 덧붙여 쌓아 올려 왔다. 현대인은 이러한 모든 것들의 무게에 짓눌려 사울 왕의 갑옷을 입은 다윗처럼 질식 직전에 있다.

따라서 우리는 다음과 같이 말해야만 한다. "당신은 당신이 거처하실 집을 우리 안에 세우시어 인간을 당신의 집으로 삼으셨습니다. 그래서 우리는 각 사람에게서 당신의 집으로서의 존엄성을 보며, 우리가 그것을 존중하는 동시에 각 사람에게도 존중하게 하려고 합니다."

:: 아버지의 뜻이 하늘에서와 같이 땅에서도 이루어지소서

그리스도 안에서 하느님은 사랑의 목적을 달성하셨다. 병자를 고쳐 주시고, 죄인을 회개시키고, 그 당시 천대받던 이방인이나

이교도들에게 인간이 지니는 본래의 지위를 회복시켜 주셨으며, 죽은 자를 살리시고, 우리에게 당신 자신의 평화와 기쁨을 부여하셨으며, 사방으로 흩어져 있던 하느님의 자녀들을 모두 '한 몸'으로 결합시키셨다.

이제 이 세상의 빈곤과 기아를 없애 가는 이 무한한 일을 인수받을 사람은 바로 우리다. 우리의 책임을 자각하고 서로 용서하며 병자를 치료하고, 변모, 빵을 많게 하기, 부활, 평화 등등에 대해 우리가 가지는 힘을 사용할 것인지 아닌지는 오직 우리에게 달려 있다.

:: 오늘 저희에게 일용할 양식을 주시고

유감스럽게도 여기에 이르러 우리는 무엇을 요구하기 시작한다. 글자 그대로라면 이것은 '주님의 기도' 중에서 가장 위험한 문구다.

그리스도 시대에는 이렇게 기도를 해도 위험하지 않았다. 그 당시의 사람들은 모든 것이 하느님에게서 부여되는 것이라 생각하고 있었기 때문이다. 그들은 자연의 법칙이라든가, 제2차 원인 등에 대해서 아무런 개념도 가지고 있지 않았기 때문에 인간이나 자연에 관한 것은 모두가 하느님의 것이라 생각했다. 화산을 폭

발시켜 소돔과 고모라를 파괴한 것이 하느님이시며, 모세의 말을 듣지 않도록 파라오의 마음을 완강하게 만든 것도 하느님이시며, 히브리인이 여자들을 모두 죽여 버리고 부족 전부를 멸망시킨 것도 그들은 당연히 그렇게 해야 할 것이었으므로 했으며, 그것 역시 하느님의 뜻이라 믿었다.

하느님이 빵을 주셔도 사람들이 빵을 만들기 위해 일할 필요가 있음을 그들은 알고 있었다. 그러나 그들의 생산 수단은 자연의 힘에 비한다면 아무것도 아니었으므로, 그들은 사건이 일어나는 과정에서 자기들이 차지하는 역할을 겸허하게 무시해 버리는 동시에 그 결과를 제1원인인 하느님에게 귀속시켰다.

그런데 지금은 두 가지 것이 변해 버렸다. 우선 현대인은 자연을 숭배하지 않는다. 인간이 자연을 지배하고 있기 때문이다. 그렇기 때문에 조심스럽게 하느님을 자연과 구별함으로써만이 하느님을 믿게 된다. 더욱이 자연과 인간 사이의 생산 수단의 균형이 완전히 바뀌고 말았다. 그래서 이제 인간은 자연의 기생 동물이라든가, 하느님 앞에서 구걸하는 존재라는 식으로 말하기만 해도 불쾌함을 느낀다.

현대의 무신론은 인간의 존엄성과 인류가 가지는 창조적 사명을 재발견하도록 했다. 그러나 이 두 가지 개념도 본래는 그리스도교적인 것이었다. 그렇다면 왜 신앙을 가졌던 사람들이 이러한 개념을 재발견하면서 교회를 거부해야만 한다고 생각하는 것일까? 교회는 교회대로 이런 사고방식과 서로 통하지 않는다고 하며 그러한 사람들을 올바르게 지도하려는 노력을 하지 않는 것 아닌가? 자녀들에게 주님의 기도를 가르치는 방법이 하나의 예다. 이를 가르치며 인간의 존엄성과 창조성이 들어설 여지를 좀 더 마련해야 한다.

언제나 사람들에게 애걸하게 해 놓고 기뻐하는 하느님. 또 그 자녀들에게 빵을 부여할 뿐만 아니라 그들의 모든 행복과 이익까지도 당신의 기분에 따라 멋대로 하는 하느님. 그리고 자녀들에게 영원한 죄를 짊어지게 하고는 구걸하는 입장에 머물러 있도록 하는 하느님. 그런 하느님을 사람들은 어떻게 생각할까?

어느 의미에서는 확실히 모든 것이 하느님에게서 유래한다. 그러나 하느님이 인간에게 주신 참다운 선물은 인간 스스로 창조자가 되도록 허락하신 독립성이다. 그리고 현대인은 이 점에 대해서 예리하고도 과민할 정도로 자각하고 있다.

오늘날 아주 좋아하면서 임신한 딸에게 "하느님이 또 아이를 주셨구나!" 하고 춤추는 어머니의 모습을 상상해 보자. 딸의 반응은 어떠할까? "엄마는 아직도 내가 그런 걸 믿는 줄 아세요?" 하고 대꾸할 것이다. 제2원인이 제1원인에서 독립하여 자기 기능을 발휘한다는 사실을 옹호하고 나서는 것은 옳은 일이다. 만일 자기가 어떻게 임신했는지 잘 아는 딸에게 아기의 출산이 하느님의 섭리라고 믿게 하려는 것이 무슨 의미가 있겠는가?

그러한 말들은 무신론으로 유도할 뿐이다. 우선 이런 말은 인간의 존엄성을 침해하고, 다음은 인간에게서 자신들의 일에 대한 존엄성을 박탈해 버린다.

19세기에 노동자 계급이 신앙을 잃게 된 이유는 교회와 그리스도 신자의 반사회주의적 태도 때문이 아니라고 말한 사람이 있다. 이 사람은 오히려 창세기의 입장에서 본 세계의 기원에 대한 설명이 과학의 새로운 발견과 모순되기 때문에 신앙을 잃게 된 것이라고 했다. 만일 빵을 주시는 것이 하느님이라면 그것을 주지 않는 것도 하느님이다. 이러한 사고방식은 틀림없이 무신론으로 이르게 한다.

되풀이하지만 사람들은 "오늘날 저희에게 일용할 양식을 주시고" 하면서 기도할 때, 빵이 인구가 많은 인도인이나 중국인 위에 내려질 것이라 생각하지 않을 것이다. 인도인들에게 골고루 먹을 수 있을 정도로 빵을 내려 주시려면 하느님에게는 단 한 가지 방법밖에는 없다. 우리 인간의 손을 통해서 빵을 내려 주시는 방법이다. 단기적으로 생각한다면 우리가 더 많은 빵을 만들고 그것을 나누어 주는 방법, 장기적으로 생각한다면 우리가 그들의 생산물을 타당한 가격으로 사들이거나 낮은 금리로 장기 대출을 해주어 그들이 자급자족하도록 돕고, 그들을 가르쳐 분별 있는 인구 정책을 펴도록 돕는 방법이 있을 것이다.

그럼에도 왜 당신들은 당신네 자녀들에게 하느님은 인간의 손을 통해서만 인간의 바람을 들어주신다는 사실을 가르치지 않는가? 왜 어린이들에게는 아무런 의미도 없는 표현, 그들이 들으면 오히려 나중에 무신론자가 될 그런 표현을 하고 그들에게 그렇게 하기를 강요하는가? 아이들은 당신보다 더 잘, 더 빨리 생각한다. 그들이 굶주리고 있거나 혹은 굶주리는 사람들을 불쌍하다고 생각한다면 하느님이 먹을 것을 주시지 않는 데 대해 화를 낼 것이다. 자기가 일을 해서 빵을 벌어들인다면, 마치 산타클로스가 사실 누구인지 알아챈 어린이처럼 그들은 당신의 기도를 냉소할 것이다.

더욱 나쁜 결과를 초래하는 일도 있다. 그들이 당신이 말하는 것을 믿을 위험이 있다는 것이다. 그들이 하느님에게 빵을 많게 해 달라고 깊은 믿음으로 기도할 위험, 또 그들이 자신은 하느님에게 인간으로 여겨지지 않아도 좋다고 생각할 정도로 자기 자신을 기만하고, 진정한 인간의 모습에서 멀리 떨어져 나갈 위험이 있다. 신심이 깊기 때문에 다량의 약을 복용한 듯 정상적인 모습을 상실한 사람을 당신은 만난 적이 없었는가? 그리고 "가진 것 없는 사람들에게 빵을 내려 주소서." 하는 기도처럼 잔혹하고, 웃기는 소원을 들은 적이 없었을까?

  이 기도는 무수한 그리스도인 가정에서 매일 되풀이되는 기도이며 우리의 노고를 나누는 방법이다. 즉 나는 내 식탁에 앉아 있고 하느님만이 다른 사람들을 돌보는 것이다. 이런 식이라면 정말 얼마나 마음 든든한 일이겠는가! 나라는 인간은 배가 부를 뿐 아니라, 마음까지도 편안하다. 또 현재 주머니에 돈이 있어 아무런 걱정도 없을 뿐 아니라 장래 경제적으로 곤궁에 빠질 걱정도 없다는 식이다.

  그러나 그래서는 안 된다. 오히려 이렇게 말해야 한다. "그리스도는 스스로 당신의 빵을 우리에게 나누어 주셨습니다. 그 빵을 주시기 위해 그분이 얼마나 큰 희생을 치렀는지 나는 알고 있습니다. 빵은 생명을 유지시켜 줍니다. 저에게 빵을 주시는 분은 저에게 생명을 주시는 분이십니다. 그리고 당신은 빵을 저에게 나누어 주시면서 당신의 생명을 주셨습니다. 이를 통해 얼마나 저를 사랑하시는지를 보여 주셨습니다."

"친구들을 위하여 목숨을 내놓는 것보다 더 큰 사랑은 없다." (요한 15,13) 그러니 "사랑에 눈뜨고, 당신이 사신 것처럼 살고, 당신이 나누어 주신 것처럼 다른 사람에게 서로 나누어 주게 하소서. 저는 당신의 빵, 곧 당신의 생명을 먹고 살아갑니다."라고 말해야 한다.

:: 저희에게 잘못한 이를 저희가 용서하오니 저희 죄를 용서하시고

이 부분은 잘 살펴봐야 한다. 언뜻 보면 우리가 용서할 테니 하느님도 용서해 주십시오, 라는 의미인 듯하다. 이는 우리가 하느님에게 모범을 보이는 것 같다. 그러나 그 반대다. 만일 지식 있는 그리스도인이 이 문구를 '그것은 정도의 문제지, 이유의 문제는 아니다. 우리가 이웃의 잘못을 용서하는 정도까지만 용서받을 것이라는 의미'라고 옳게 이해할 수 있다면 그들은 기도를 배우기 시작한 사람에게 이렇게 말해 주면 좋을 것이다.

"그것은 '하느님이 우리의 죄를 완전히 용서해 주셨으므로 우리는 이웃의 잘못을 용서하고, 서로 화해하기 위해 얼마만큼 마음을 써야 하는지, 또 얼마만큼 존경이 필요한지, 화해의 기쁨이 얼마나 큰지를 배웠습니다.'라는 의미입니다."

즉 이 문구는 정당하지만 이렇게 생각하지 않는 사람들이 있다. 그들에게 이 문구는 매정한 종의 이야기의 최후처럼 생각되고 있다. 즉 "화가 난 주인은 그를 고문 형리에게 넘겨 빚진 것을 다 갚게 하였다."(마태 18,34) 하는 식으로 말이다. 당신은 하느님이 노하여 벌하고 복수하는 분이라 생각하는가? 만일 아직도 그렇게 생각한다면 당신은 여전히 신화적인 단계에 머물러 있는 것이다.

하느님은 아무도 벌하시지 않는다. 하느님은 사랑이시기 때문이다. 오직 인간 스스로가 자신을 벌한다. 그것은 인간이 이 세상에서 가장 필요한 것, 사랑하고 사랑받는 것을 그만두었기 때문이다. 따라서 하느님의 심판은 결코 '집행'이 아니라 단순한 효과를 확인하는 것에 불과한 것이다. 하느님은 잘못을 범한 자에게 용서와 사랑을 거절함으로써 초래되는 손실을 확인시키신다. 즉 그가 이웃의 잘못을 용서하지 못할 때, 그는 하느님이 어떻게 자기를 용서하시는지를 깨닫지 못하고 무의미하게 살아가게 된다.

하느님이 이미 베풀어 주신 용서를 철회하고 자신에게 복수한다는 생각을 해서는 안 된다. 그렇지 않다. 하느님은 다만 사실을 확인시켜야만 했을 뿐이다. 그 사람은 확실히 자기 마음을 열고 이웃을 용서하지 못했으므로, 하느님에 대해서도 마음을 열고 그 용서를 받아들이지 못한다는 것을 뜻한다. 그것은 마치 그리스도가 마리아 막달레나에 관해서 "이 여자는 그 많은 죄를 용서받았다. 그래서 큰 사랑을 드러낸 것이다."(루카 7,47)라고 말씀하신 것과 같다.

그러나 과연 이러한 의미를 '주님의 기도'의 문구를 통해 사람들이 배울 수 있을까? 오히려 그들은 자신들이 하느님의 용서를 받기에 합당한 자가 되도록 노력해야만 한다고 생각한다. 사실 그들이 하느님의 용서를 받기에 합당하지 않더라도 하느님은 그들이 용서받고자 하는 이상으로, 무제한으로 그들을 용서하시고자 간절히 원하신다.

:: 저희를 유혹에 빠지지 않게 하시고

이 구절은 좋지 않은 구절이라고 생각한다. 이렇게 된 동기는 단순한 것 같다. 그리스 정교회, 프로테스탄트, 가톨릭에 똑같이 받아들여질 수 있는 번역어를 발견해야 할 필요가 있었기 때문에 직역한 표현이 사용되었다. 그렇지만 2천 년이나 지난 오늘날의 문화인들에게 옛날의 말마디를 똑같이 되풀이시키면 그 뜻을 달리 알아듣게 된다.

이와 같은 직역적인 표현은 사실 원문에 불충실한 것이다. 그것은 그 말의 의미보다는 말(언어)만을 중요시하는 일이기 때문이다. 거기에다 만일 계시가 알림(소식)이라면 반드시 그것은 어느 시대의 사람들에게도 마치 그 말을 듣는 것이 처음인 듯한 느낌을 주는 말투로 후세까지 전해져야 한다. 더욱이 그것이 '기쁜 소식'이라면 어찌하여 하느님이 우리를 유혹에 끌어들이는 분이라는 암시가 전해져 내려올 수 있겠는가? 사실 '종교'에 대하여 학자들이 말하는 것을 들으면 누구든지 계시를 기쁜 소식, 새로운 소식보다는 기쁘지 않은 소식, 낡은 소식이라 생각할 것만 같다.

하느님은 그 누구도 유혹하지 않는다. 폭군이 아니시기 때문이다. 하느님은 제안하시고 사람이 그것을 결정한다. 하느님은 우리를 좌우하지 않는다. 우리는 은총 안에서 살고 있지, 힘의 지배 안에서 살고 있는 것이 아니다. 복음서를 읽어 보아라. '~한다면'이라고 말할 뿐이지 결코 강요하지는 않는다. 하느님은 밖에 서서 문을 두드리며 구걸하신다.

"보라, 내가 문 앞에 서서 문을 두드리고 있다."(묵시 3,20)

그리고 하느님은 우리를 유혹에 빠지게 하지도 않는다.

"유혹을 받을 때에 '나는 하느님께 유혹을 받고 있다.' 하고 말해서는 안 됩니다. 하느님께서는 악의 유혹을 받으실 분도 아니시고, 또 아무도 유혹하지 않으십니다."(야고 1,13)

현재 기도문에서 사용하는 그 문구를 변호하는 사람들은 이렇게 말할지도 모른다. "현재 그 문구를 비난하는 사람은 그 자신이 '유혹'이라는 말의 성서학적 의미를 모르고 있음을 폭로하는 것이다. 그 말은 본래 우리가 지금 해석하고 있는 그런 나쁜 의미가 아니다. 유혹은 시험, 즉 하느님이 보내 주신 시험을 보고 있음을 의미하는 말이다."

그러나 이렇게 해석한다 해서 현재 사용하는 문구가 실질적으로 좋아질 것인가? 이 구절이 무엇인가 안 좋은 의미를 가진다면 하느님이 우리를 안 좋은 일로 유인하리라고 상상할 수 있겠는가? 또 만일 그것이 좋은 의미를 가지고 있다면 왜 우리는 하느님에게 좋은 일로 유인하지 말라고 기원하는 것일까?

크리스티앙 뒤코크는 다음과 같이 말했다. "교회나 그리스도인은 하느님께 침묵의 상태에서 벗어나 주기를 원하며, 우리를 하느님의 그 자비로운 힘으로 보호하지 말고 그대로 내버려 두는 그런 시간을 단축시켜 달라고 매일같이 기도한다."(그리스도론) 그리고 그는 또 "그리스도인은 하느님께 시련을 겪지 않게 해 달라고 기원한다. 그것은 하느님께서 우리를 하느님의 사랑이 드러나지 않는 상태에 놓아 달라는 것을 의미한다."라고 말했다. 그렇다면 그것은 하느님이 당신을 나타내 보이시지 않는 상태, 하느님이 사랑이 아닌 상태로서 그것은 하느님이 하느님이 아닌 상태인 것이다. 이와 같은 상태에 있는 하느님은 정말 기묘한 하느님일 것이다. 그러한 하느님을 닮지 말도록 하자.

현재 사용하는 그 말에서 무엇인가 참다운 의미를 찾아내려는 것은 무리인 듯하다. 나는 기도할 때 내가 하고 있는 말 그대로 생각하기를 좋아한다. 따라서 오히려 다음과 같이 기도하는 것이 좋다고 생각한다.

> 아버지, 우리가 어떤 힘든 상황을 마주했을 때도 우리와 함께 계셔 주십시오. 우리가 어떠한 십자가를 짊어지든 함께 져 주시고, 우리가 어떻게 죽든 함께 계셔 주십시오. 그리고 사랑과 믿음 안에서 고통 중에 죽어 가는 것, 그것이 당신이 저희에게 보내 주시는 선물입니다.

:: 저희를 악에서 구하소서

하느님은 "사랑은 항상 옳다."라는 사실과 "사랑은 악을 이기고, 십자가상에서 죽어 가면서도 당신을 못 박은 사람들까지 회개시킬 수 있다."라는 사실을 계시하심으로써 우리를 악에서 구해 주셨다. 이번에는 당신이 이웃들을 구원할 차례다. 그렇다면 다음과 같이 기도해야 할 것이다.

당신은 우리에게 어떻게 사로잡힌 사람들을 자유롭게 해 주어야 할지 가르쳐 주셨습니다. 그것은 마리아 막달레나를 육체의 노예로부터, 자캐오를 금전의 노예로부터, 마태오를 바람직하지 못한 직업으로부터 해방시켜 주신 것과 같습니다. 당신의 그 사랑만이 그들에게 행복과 자유를 가져다줄 수 있었던 것입니다. 따라서 당신과 함께, 당신을 통해서, 당신 안에서 살아가며 우리는 이 세상을 악에서 해방시키겠습니다.

지금까지 살펴본 이러한 내용이 복음서가 전해 주는 가르침의 본질이 아닐까? 그리고 그 본질을 사람들이 매일의 기도, 그들이 최초로 배우는 기도 안에서 발견할 수 있도록 우리는 그들을 가르쳐 주어야 하지 않을까? 현대인들은 하느님에게 감사하고 이웃에게 봉사할 책임을 자각한 인간으로서, 아들이며, 또한 어른이라는 마음으로 '주님의 기도'를 바칠 수 있게 될 때 비로소 긍지와 기쁨을 가지게 될 것이다. 그리고 그때야말로 그들은 모두 주님의 기도를 감사의 행위로서, 또한 활동의 지침으로서 함께 바칠 수 있게 될 것이다.

아버지, 저는 아버지가 언제나 제가 말씀드리는 것을 이루어 주심을 알고 있습니다. 아버지, 당신의 것은 모두 제 것이옵니다. 아버지, 당신은 아주 많은 것을 제게 주셨습니다. 그래서 저는 선물을 받은 채로 머물러 있을 수 없습니다. 당신은 남에게 베풀 수 있는 선물을 저에게 주셨기 때문입니다. 이 선물을 제 마음속에 깊이 침투시키기 위한 시간 말고는 이제 달라고 말씀드릴 것이 하나도 없습니다. 그리하여 제가 당신에게 온전히 속하게 되었을 때, 저는 제 자신을 완전히 이웃에게 주게 될 것입니다.

그리스도는 하느님의 계시인 것과 같이 인간의 계시이기도 하다. 그리스도가 참하느님이시기 때문에 하느님은 그리스도를 이제까지 삶을 받은 자들 중에서 유일한 참인간이 되게 하셨던 것이다. 그렇기 때문에 우리는 그리스도를 통해 변화되고, 그리스도의 가르침을 받고, 그리스도에 의해 양육되어 용기를 내어 주님의 기도를 이런 의미로 바친다.

우리와 함께 계시는 우리 아버지, 아버지는 그 사랑을 우리에게 나타내 보이고 가르쳐 주셨습니다. 그러므로 우리는 친구, 형제자매, 어버이들을 통해서 그것을 기다리는 사람들에게 전해질 수 있도록 그 사랑 안에서 살아가겠습니다.

아버지는 우리 안에 당신의 거처를 정하셨습니다. 그러므로 당신이 모든 사람들 안에 사시도록 우리는 개개인이 지니는 존엄성을 보며, 그에 해당하는 존경을 되찾아 주고자 합니다.

당신은 예수 그리스도 안에 정의, 나눔, 사랑 등에 대한 당신의 바람을 나타내셨습니다. 그러므로 우리는 이 세상에서 당신의 바람을 성취시켜 이 정의가 세상을 지배하는 곳이 되어 모든 인간이 이웃을 사랑하는 곳으로 만들고자 합니다.

당신은 당신의 빵을 우리에게 전부 나누어 주셨습니다. 이를 통해 우리도 마찬가지로 우리의 빵을 이웃과 나누어 먹을 수 있도록 해 주셨습니다.

당신은 우리를 완전히 용서하셨고, 그리하여 우리에게 형제들과 화해하는 데 필요한 배려, 상대방에 대한 존경, 이웃과의 화해 등의 기쁨을 가르쳐 주셨습니다.

당신은 우리가 어떤 시련, 어떤 유혹, 어떤 괴로움에 마주하더라도 우리와 함께 계시오니, 당신이 하신 것처럼 그것들을 이길 수 있는 힘을 우리에게 주십시오.

그리하여 당신과 더불어, 당신 안에서, 당신을 통해서 우리는 이 세상을 악에서 구하겠습니다.

아멘.

역자의 말

나는 평소에 기도할 때, 또 미사 중에 나오는 기도문을 낭독할 때, 뭔가 잘못되지 않았나 하는 생각을 한 적이 있었다. 그런데 어느 날 일어판의 이 책을 읽고 깊이 공감하여 독어판을 빌려 이 책을 번역하게 되었다.

이 책을 읽으면 그리스도인들이 하는 기도에 대해 더 깊이 생각해 볼 수 있다. 그리고 기도에 대해 우리가 오해하여 범하고 있는 모순을 깨달을 수 있다. 또한 가치관이 뒤바뀜을 느낄 것이고, 우리 교회의 전통 안에 얼마나 많은 비전통적인 것이 본래의 정통적 전통인 것처럼 위장되어 있는지 알 수 있을 것이다. 이 책에서 저자가 말하는 것이 혁명적이라 생각하겠지만, 이런 정신이 바로 주님의 본뜻이라 생각할 때, 누구나 이 책을 읽고 자신의 신앙생활, 기도, 자신이 알고 있던 종교관을 정화해야 할 것이다.

그래서 비재非才의 부끄러움을 무릅쓰고 졸역拙譯을 내놓는다.